Proibida a reprodução total ou parcial em qualquer mídia
sem a autorização escrita da editora.
Os infratores estão sujeitos às penas da lei.

A Editora não é responsável pelo conteúdo deste livro.
O Autor conhece os fatos narrados, pelos quais é responsável,
assim como se responsabiliza pelos juízos emitidos.

Consulte nosso catálogo completo e últimos lançamentos em **www.editoracontexto.com.br**.

Leandro Karnal

Copyright © 2017 do Autor

Todos os direitos desta edição reservados à
Editora Contexto (Editora Pinsky Ltda.)

Foto de capa
R. Trumpauskas

Montagem de capa e diagramação
Gustavo S. Vilas Boas

Revisão
Lilian Aquino

Dados Internacionais de Catalogação na Publicação (CIP)
Andreia de Almeida CRB-8/7889

Karnal, Leandro
Diálogo de culturas / Leandro Karnal. – 1. ed., 5ª reimpressão. –
São Paulo : Contexto, 2018.
192 p.

ISBN: 978-85-520-0016-7

1. Cultura – Crônicas 2. História – Crônicas
I. Título

17-0860   CDD 306

Índice para catálogo sistemático:
1. Cultura – Crônicas

2018

EDITORA CONTEXTO
Diretor editorial: *Jaime Pinsky*

Rua Dr. José Elias, 520 – Alto da Lapa
05083-030 – São Paulo – SP
PABX: (11) 3832 5838
contexto@editoracontexto.com.br
www.editoracontexto.com.br

Todo livro busca leitores. Sem eles, a escrita perde sentido. Esta obra é dedicada a você, leitor, que enfrenta o gesto inaugural de História: decifrar símbolos que conduzem a ideias. Este livro foi pensado para você, para que você discorde, concorde, critique e viva. Em você, o texto encontra seu destino e propósito. Dedico o livro a você, leitor.

Sumário

Introdução   **11**

Porque era ele, porque era eu   **15**

Lições violentas   **18**

Lembrar e esquecer *ou* A vida entre Dory e Funes   **21**

Cordeiros de Deus   **24**

O caco como cultura   **27**

Educar não é adestrar   **30**

As corujas invisíveis do crepúsculo   **33**

O historiador como juiz   **36**

Gentileza gera gentileza   **39**

Os medíocres fascistas e democratas   **42**

Universidades e sociedade   **45**

Presenteando gregos e troianos	48
Palavras da terra e do ar	51
Marias latinas	54
As rondas ostensivas da patrulha ideológica	57
Um presidente a mais, um a menos	60
As areias da ampulheta: atrasados e pontuais	63
Criar ou agradar *ou* Como eu quero envelhecer?	68
Tudo sobre um pouco ou pouco sobre tudo	71
Nossas âncoras cronológicas	74
Pães e livros	77
Tinha uma pedra no meio do caminho	80
Natal das crianças	83
Regras e felicidade	88
Dias de Quixote e dias de Sancho *ou* Homenagem ao professor Morejón	91
Livres ou marionetes?	94
O real da realeza	97
Paris é uma festa	101
As conversas privadas	104
Conhecereis a verdade e a verdade vos libertará	107
Deus e Ray Conniff	110
Para voltar a ver	114
Por que me ufano...	117

Talentos do além **120**

Insulto, logo existo **123**

Muros e bárbaros **126**

Quem merece o quê? **129**

História à mesa **132**

A vida da língua **135**

Armadilhas da inteligência e da fé **138**

O que é ser conservador? **141**

Amo Carnaval **144**

O fantasma de Stalin **147**

Tornar-se mulher **151**

A consciência dos insetos **154**

Os idos de março: prudência é covardia? **157**

O silêncio de tudo **160**

Você é vaidoso? **163**

A luz alheia **166**

Ele não gosta de ler! **169**

Pintando o retrato de Desejado **172**

O que é uma boa aula **176**

Sexo, Deus e felicidade **179**

O que Jesus pensava? **182**

O autor **187**

INTRODUÇÃO

Dialogando com muitas culturas

No inverno de 1898, na França, o literato Émile Zola publicou o artigo "J'Accuse...!". Era um pesado texto contra a maneira de conduzir o escandaloso caso Dreyfus, que acusava um capitão francês de espionagem em meio a um clima antissemita. A ação de Zola trouxe ao debate público a figura do intelectual que sai da sua zona principal de produção para abarcar questões variadas. Para muitos, o texto inaugurou a figura do intelectual público.

Os franceses polarizados do fim do século XIX poderiam perguntar: um literato, bom autor de romances, teria como refletir sobre um caso judicial? Afinal, Direito não era a especialidade do grande autor. Teria mais validade a opinião do autor de *Germinal* do que a de uma vendedora de flores do mercado de Paris?

A questão é interessante. Ao longo do século XX muitos intelectuais foram chamados a dar opinião sobre temas que fugiam ao seu campo imediato de pesquisas. É o caso de J. P. Sartre falando da independência da Argélia ou Noam Chomsky analisando a política fiscal dos EUA. Séculos antes, o filósofo Montaigne já lançara, com seus ensaios, a tradição de olhar muitas coisas longe do universo filosófico.

Se formos honestos, em todo o mundo somos levados a considerar que nossa zona de conforto está para trás. Jornalistas, treinados para texto e pesquisa de fatos, são obrigados a analisar dados econômicos sem ter formação de economistas. Governadores formados em Medicina ou presidentes engenheiros também enfrentam questões do mundo financeiro e cultural. Editores trabalham sobre textos sem serem autores ou da área sobre a qual devem atuar. Mães são forçadas a tiradas de Psicologia com os filhos mesmo sem o diploma. Como não existe o homem universal que tudo abarque, somos todos compelidos a sair de uma fronteira mais segura e ampliar nosso olhar.

Escrever sobre muitos temas é um desafio curioso. Tenho uma formação profissional na área de História e um olhar treinado para questões específicas. Ao dirigir este olhar para fora do meu gueto, compreendo coisas novas num processo recíproco de aprendizado.

O livro que está diante de você é fruto do desafio de considerar a possibilidade do diálogo entre áreas distintas e cruzamento de temas diversos. Sem o talento literário de Zola, sem a agudeza filosófica de Sartre/Montaigne e carecendo do domínio linguístico de Chomsky, eu encaro a chance de pensar o mundo e suas facetas como um apaixonado e limitado autor.

Sempre achei fascinante ampliar a visão e pensar a realidade além da parede técnica do especialista. Sempre espero que o leitor lance sobre mim o mesmo método que lanço sobre todos os textos que encaro: ler com atenção e analisar, dissecar e destrinçar o que li. Em todos os campos, encaro o mesmo desafio: ali está uma parte da verdade, nunca A Verdade.

Tenho aprendido bastante com esse exercício de escrita. Fãs e detratores colaboram para indicar bons caminhos. Escrever é uma prática. O cerne do que acredito (o diálogo, o combate ao preconceito, a crítica às exclusões sociais e culturais etc.) nunca muda. As coisas do momento e os temas são uma "metamorfose ambulante", como diria Raul Seixas.

Sou um historiador que escreve e não um escritor que pesquisa História. Certa feita, Barbara Tuchman foi questionada se era uma historiadora ou escritora. Respondeu que "as duas funções não precisam estar, e de fato não devem estar, em guerra. A meta é a fusão. A longo prazo, o melhor escritor é o melhor historiador". A nova-iorquina dos *Canhões de Agosto* tinha resolvido o problema que, no século XIX, irritara Jules Michelet ao ser elogiado como literato.

Constituí mosaicos de memória, observador de um mundo fascinante e em crise que é o Brasil recente. Lanço minhas garrafas ao mar e, inúmeras vezes, recebo mensagens ao vivo e por escrito de pessoas tocadas por um texto. Esse tem sido o maior estímulo.

* * *

Em 2016, o diretor de jornalismo do grupo Estadão, João Caminoto, convidou-me para uma reunião. Alinhar duas agendas complexas foi o primeiro desafio. Chegado o dia, surgiu o convite para iniciar uma coluna aos domingos em *O Estado de S. Paulo*. O tema seria livre e a liberdade absoluta. Pedi um tempo para pensar.

Escrever para uma instituição como o Estadão era um desafio que acariciava meu ego. Era exatamente a vaidade que me lembrava de como havia risco no voo de Ícaro. Com a promessa de liberdade reforçada (e, a propósito, exemplarmente mantida), aceitei e comecei, em julho de 2016, a redigir crônicas para o jornal. Eram ideias compartimentadas em cinco mil toques.

Ao longo do segundo semestre de 2016, nova proposta de encontro com Caminoto e novo convite: escrever duas vezes por semana, quartas e domingos. O primeiro sim deu muita alegria. O segundo tem dado muito trabalho.

Gosto imensamente do desafio de escrever para um público qualificado, mas amplo. É mais complicado fazer um texto curto sobre um tema do que um longo no qual eu possa destrinçar tudo. Sempre admirei o zelo acadêmico da precisão conceitual e da linguagem refinada e exata, no entanto, ininterruptamente desejei que nós, intelectuais públicos, falássemos a mais gente. A tarefa sempre foi, com temas simples ou complexos, atingir mais pessoas, provocar debate nos leitores, estimular a saída de zonas de conforto.

Passados alguns meses, minha primeira editora, a Contexto, fez um convite para que eu preparasse as crônicas do jornal para este livro. Luciana Pinsky trabalhou nos originais e fez preciosas sugestões. A qualidade do livro deve muito a ela, os erros são de minha autoria exclusiva.

Agradeço a confiança do jornal *O Estado de S. Paulo*. Agradeço à Editora Contexto por esta obra que reúne a maioria das crônicas entre julho de 2016 e abril de 2017. Espero, um dia, ser a pessoa que João Caminoto e Luciana Pinsky viram de forma generosa. Deixo meu obrigado, em particular, as muitas e boas sugestões de Valderez Carneiro da Silva, Rose Karnal e Luiz Estevam de Oliveira Fernandes, argutos leitores e pessoas admiráveis no meu universo íntimo. Mesmo com o esforço de equipe tão boa e dedicada, cacos restam. Parte do charme da vida é o acaso e o erro.

Boa leitura!

Porque era ele, porque era eu

João deitou a cabeça no peito de Jesus. Era a confiança absoluta no Mestre durante a última ceia. Poucas horas depois, o gesto era retribuído e magnificado: Jesus entregou-lhe a guarda da pessoa mais importante. "Filho, eis aí tua mãe". A cena sob a Cruz mostra algo sublime: a amizade tornara João parte da família.

Amizades surgem entre pessoas que se admiram. A estreita relação entre os filósofos Montaigne e Étienne de la Boétie resulta numa das mais belas frases já escritas sobre esse tipo de afeto. Nos seus ensaios, o nobre tenta explicar por que amava La Boétie. Só consegue dizer que a causa central era "porque era ele, porque era eu". O autor de *Os ensaios* reconhece que na especificidade absoluta do outro está a chave da fusão elevada que chamamos amizade.

A cabeça pendente de João e a afirmação de Montaigne mostram que a amizade encontra um campo além da razão: algo entre a fraternidade adotada e a entrega ao mistério da afinidade afetiva. Fraternidade adotada porque o amigo torna-se um irmão por desejo recíproco. O mistério da afinidade afetiva porque, diante do amigo, torno-me, de fato, quem sou. Não existe uma racionalidade que abarque isso. A amizade é uma epifania lenta.

Há pedras no caminho. Amigos também possuem egos e as circunstâncias, por vezes, sufocam tudo. Desde que se conheceram na Paris ocupada, Sartre e Camus perceberam uma atração afetiva imediata. Já admiravam a obra um do outro. Dois homens diferentes: Sartre, burguês e bem formado; Camus, de família pobre e nascido na Argélia. Também havia o fato de que o parisiense se esforçava muito para agradar às mulheres, mas era feio como uma cólica. Camus era bonito, mas sem a lábia retórica do autor de *A náusea*. Havia uma admiração recíproca e uma concorrência entre ambos. Sartre apoiou a URSS mais do que Camus gostaria e as conversas foram ficando ácidas. Numa carta endereçada à revista que Sartre dirigia (*Les temps modernes*), ocorreu o afastamento definitivo. Sartre respondeu no mesmo número com um texto muito duro, duvidando até da capacidade de compreensão filosófica do ex-amigo. A trágica morte de Camus impediu uma reaproximação. Sartre escreveu um lindo obituário. A morte vencera o ego.

Vaidades e disputas afastam amigos. Alguns afirmam que ex-amigos, de fato, nunca foram amigos de verdade.

Ocorrera algo similar no Brasil. Oswald de Andrade jogou sobre Mário de Andrade duas palavras que evisceravam os pontos mais dolorosos do autor de *Macunaíma*: chamou-o de "boneca de pixe". Atacando Mário como mulato e homossexual, Oswald causou uma ferida que nunca cicatrizou. Amigos se aproximam do coração e, quando isso resulta em estocada, ela quase sempre é fatal. Amigos baixam a guarda uns para os outros e esse setor não defendido, ao ser flechado, magoa como poucas coisas.

Talvez a amizade seja sempre um desafio. Entregar-se à relação com um amigo é observar-se num espelho pouco generoso. Os amigos nos conhecem e, para eles, as cenografias sociais são inúteis. Sim, nossos amigos nos amam e nos conhecem, e nunca saberemos se nos amam por nos conhecer ou apesar de nos conhecer. Mas a entrega à amizade intensa é uma entrega a uma jornada de intimidade e apoio.

O olhar do amigo não tem a doçura absoluta do materno e escapa do tom acre e ressentido do inimigo. Assim, longe do mel estrutural e do fel defensivo, é um olhar de sinceridade. Para ter um amigo, preciso de condições específicas. Eu identificaria três fundamentais.

A primeira é a capacidade de se observar e continuar em frente. Uma conversa genuína com um amigo é uma dissecação anatômica da minha alma. Nem todos conseguem isso. Não é fácil atender ao preceito socrático: conhece a ti mesmo. Na minha experiência, conhecer os outros é infinitamente mais fácil do que conhecer a si. Se os filósofos já garantiram que homens maus não possuem amigos, mas apenas cúmplices, eu acrescentaria que pessoas superficiais possuem apenas colegas e conhecidos, mesmo que os denominem amigos.

A segunda é o tempo. Não se criam amigos de um dia para o outro. Amigos demandam história, repertório de casos, vivências em conjunto. Amigos precisam viajar juntos. Assim, os afetos integram as vidas das respectivas famílias. Amigos acompanham nossos sucessos e fracassos amorosos, choram e riem com nossa biografia. Quem adicionei ontem na minha rede social é um fantasma, um fóton, jamais um amigo. Amigos precisam de cultivo constante. Todo amigo é, dialeticamente, um frágil bonsai e um frondoso carvalho.

A terceira é o controle do próprio orgulho. A mais espaçosa dama da alma é a vaidade. Quando ela preenche o ambiente, sobram poucos assentos livres. Pessoas vaidosas são frágeis e temem a entrega da amizade. O amor é privilégio de maduros, dizia Carlos Drummond. Talvez a amizade também o seja. Talvez não seja apenas para maduros, mas, com certeza, é um privilégio. Encerro com o conselho sábio dado por um tolo. Polônio prescreve ao filho Laertes (em *Hamlet*): "Os amigos que tens por verdadeiros, agarra-os a tu'alma em fios de aço; mas não procures distração ou festa com qualquer camarada sem critério". O cortesão infeliz sintetiza tudo o que tentei escrever aqui. Já falou com seu amigo hoje?

Lições violentas

Acho que nós, humanos, idealizamos nossa espécie. A violência é o eixo definidor das nossas relações. Ela foge ao controle e acha novas formas de se manifestar com a mesma engenhosidade com que buscamos limites à destruição.

Thomas Hobbes, filósofo inglês, havia pensado que a guerra de todos contra todos era parte constitutiva das sociedades. Concebeu essa ideia em Paris, onde tutorava o futuro Carlos II, ambos fugindo da violenta guerra civil que assolava a Inglaterra. Um mundo hostil gerou seu raciocínio sobre nossa cólera. Para evitar a destruição total, argumentava, surgia o Estado, a entidade que conteria todos por monopolizar a violência. O Leviatã, que dá título a sua obra mais conhecida, publicada apenas dois anos depois de seu retorno da França, era o maior monstro de todos os oceanos. A anomalia aquática era uma metáfora bíblica: no topo do poder das criaturas existiria esse ser, que, com seu tamanho e potência, estabeleceria a paz possível. A guerra de todos contra todos seria detida pelo Estado forte, o Leviatã.

A violência e o mal podem ser descritos como derivados da queda do homem e da ação malévola do demônio. Na primeira família humana, a mais próxima de Deus e com contato direto com o Criador, existiam quatro pessoas: dois desobedientes (Adão e Eva) e um assassino (Caim). Setenta e cinco por cento dos membros da nossa matriz familiar cometeram infrações graves. Começamos mal. Apesar de os textos sagrados conterem, tradicionalmente, páginas violentas e até incitação ao ódio, o esforço de muitas religiões é na direção de controlar a natureza "degenerada" da nossa espécie. Mas, numa lógica de pensarmos o mundo a contrapelo, como sugeria Walter Benjamin, se precisamos conter a violência é porque, sem a mordaça, a tendência da boca é gritar e morder.

Uma utilidade tradicional de entidades religiosas organizadas é concentrar o mal e a violência em atividades e ideias que possam ser focadas, nas quais a destruição não se alastre. É o caso de uma cruzada ou de um auto de fé, que, diga-se de passagem, era muito popular na Idade Moderna. Hoje são espetáculos de luta, "pegadinhas" que ridicularizam vítimas, acidentes na estrada, filmes de guerra, histórias trágicas: tudo funciona dentro da catarse sedutora da violência.

Nosso mundo costuma pensar no nazismo como a encarnação perfeita da violência. Os horrores do holocausto endossam a ideia. Ao analisar o que dizia um famoso oficial hitlerista em seu julgamento por crimes de guerra, nos anos 1960, Hannah Arendt refletiu que o mal não era algo excepcional que atacaria seres sádicos e malévolos. O mal não seria um salto ou uma quebra de humanidade. O mal era... banal. Adolf Eichmann, alvo do estudo da filósofa, era bom pai de família e exemplar na convivência diária. Esse homem, dominantemente calmo e organizado, ordinário em muitos aspectos, foi responsável pela morte de centenas de milhares de seres humanos. A ação era monstruosa, o indivíduo era comum. O incômodo da leitura de *Eichmann em Jerusalém* é que sentimos a violência como próxima de nós. A pior das conclusões é que é muito fácil de se repetir.

Os americanos chamam de *blue line* (metáfora advinda da cor azul do uniforme da polícia de lá) a frágil linha que separa a sociedade ordeira da barbárie violenta. A polícia, a lei, o sistema de costumes e de regras garantidos pela punição seriam reforço dessa fronteira tênue que aparta, de forma invisível e delicada, a coesão social do horror. Ou seja, nossa sociedade caminha em paz como um elefante numa loja de cristais.

O que ocorreu no Espírito Santo, em fevereiro de 2017, foi a ruptura da *blue line*. A greve das forças policiais tornou a vida do cidadão comum insuportável. A coerção entrou em colapso e, como nosso mundo tem pouco consenso, o pandemônio mesmerizou o país. Houve a desordem óbvia de bandidos estimulados pela falta de repressão. Houve o menos claro surto de saques feitos por cidadãos comuns até aquele instante. Hobbes e Arendt comeram moqueca capixaba lamentando tudo, mas entreolhavam-se com muxoxo indisfarçável: "Eu não disse?".

Não se trata de algo brasileiro ou exclusivo do mundo tupiniquim. Entre 13 e 14 de julho de 1977, Nova York ficou sem energia elétrica. O que se seguiu foi uma noite de pânico e de incêndios, saques e estupros. Qualquer quebra na ordem do mundo parece liberar a energia acumulada nos indivíduos e nos grupos. Um ato racista dos policiais de Los Angeles, em 1992, trouxe à tona a mesma barafunda. Novidade? Uma cena no convento de São Domingos, em Lisboa, em 1506, originou um terrível massacre de judeus em Portugal. Um cristão-novo tentou convencer que a luz que parecia ser celestial a iluminar o crucifixo era um prosaico raio que entrava de forma natural pela janela. Foi morto junto de milhares de outras pessoas. Era mês de peste. O populacho clamava por um bode expiatório.

Um rio de ódio flui, perene, sob águas superficialmente calmas. Um gesto ou uma frase fazem toda a máscara da paz desabar. Pulsão de morte freudiana? Caráter primitivo da nossa espécie? Mal oriundo da queda do primeiro homem? Tentação demoníaca? Força do rito catártico da tribo? Cada um dá uma causa distinta ao mesmo efeito.

As explosões de violência são a constante da história humana. No momento em que eu uso explosão de violência, já estou tentando caracterizar como algo excepcional. Explosões de paz seria a melhor expressão. Há poucos momentos de harmonia na história. Tocar avena e tanger a harpa em um campo florido com cordeiros balindo é um sonho árcade. Não morreremos hoje, ao menos.

Lembrar e esquecer ou A vida entre Dory e Funes

Você já se deu conta de que nossa civilização é o culto à reminiscência? Nossas ruas e praças, nossas datas e agendas existem a serviço da evocação. Discutimos o valor político da memória ao questionar se determinada pessoa deve continuar sendo homenageada, batizando uma via pública. O elevado Costa e Silva transformou-se em João Goulart, em São Paulo. Para os usuários comuns, nem o presidente e nem o general: apenas Minhocão... A metáfora da forma suplanta o debate político. Lutamos para controlar a recordação. Esquecer datas é algo perigoso no nosso código afetivo. Lembrar é valorizar. Esquecer é desprezar.

Para um historiador, a memória é uma construção. Ela não significa trazer um fato à tona, mas como eu, hoje, construo minha relação com o fato pretérito. Nunca se trata de recriar o passado ou, como queria Leopold von Ranke, descrever as coisas tal como "realmente foram". Hoje, é mais usual dizer que o especialista em memória (o historiador) estuda como são lembrados ou esquecidos os fatos históricos. Sob esse enfoque, toda história seria história contemporânea.

No romance *Incidente em Antares*, Érico Verissimo fala de um naturalista francês que indica a estrela que dá nome à cidade. A ideia foi substituída pela afirmação de que o nome da cidade, Antares, derivava da abundância das antas na região... Pensei nisso quando vi plantadas araucárias em áreas reurbanizadas de Pinheiros, em São Paulo. Imaginei que, em 100 anos, quando essas árvores estivessem frondosas, alguém diria: o nome do bairro surgiu daqui, da existência destes pinheiros. Confundiriam a causa com a consequência e, não havendo outra fonte, a versão seria vitoriosa. Seria como o balcão de Julieta, em Verona: a lenda criou o fato concreto.

Aprofundo o tema com uma ficção. Uma jovem de 15 anos faz seu baile de debutante e passa o dia seguinte ao celular narrando detalhes da noite. Depois, aos 25, a mesma jovem observa as fotos e acha tudo "cafona". Por fim, a personagem observa as fotos aos 70 anos de idade e enfatiza como era bonita. Qual das três narrativas contém a memória verdadeira? A dos 15, 25 ou 70 anos? Voltamos ao valor histórico: o fato deve ser relembrado dentro do contexto novo da mulher que ressignifica o resgate da festa.

Jorge Luis Borges criou uma personagem: Funes, o memorioso. Ele é incapaz do esquecimento. A personagem sofre de hipermnésia: memória absoluta. Funes morreu jovem e não conseguia mais pensar, porque, como disse Borges, refletir seria esquecer diferenças, generalizar e abstrair. Quem lembra tudo, nada pensa. Repetir dados não é inteligência. Situação oposta: Macondo, a mítica aldeia de *Cem anos de solidão*, sofre por se esquecer de tudo. Só a poção do cigano Melquíades salva o povo na imaginação de Gabriel García Márquez.

O que lembramos? Quando lembramos? Quais as coisas que desejamos esquecer? A memória é uma construção permanente. Estamos todos mais ou menos próximos de Dory, a simpática peixinha que tem memória deficitária. Dory é o anti-Funes e parece mais feliz.

Esquecemos de forma aleatória e recordamos a partir de critérios pouco claros. Para evitar essas irregularidades, foi inventada uma arte mnemônica: conjunto de técnicas para que tudo venha à tona quando necessário. Este exercício fez a glória da Giordano Bruno e da escola jesuítica. Para recordar argumentos, estabelecia-se o "palácio da memória" com salas e armários concatenados, tentando organizar as informações. O clássico da inglesa Frances Yates (*A arte da memória*) foi traduzido muito tardiamente no Brasil, mas ainda é um excelente estudo sobre esta arte quase perdida. É leitura obrigatória para quem deseja estudar o conceito de memória.

Em tempos de memória de computador e de celular com todos os números, estamos cumprindo de forma absoluta a maldição do deus egípcio Tot. Quando inventou a escrita, ele lançou uma praga-advertência para os humanos: "Tudo o que vocês escreverem, esquecerão". Os celulares cumprem, integralmente, a profecia do deus babuíno do Nilo.

Quando os Bourbon foram restaurados no trono após Napoleão I, dizia-se na França uma frase irônica em função dos traços autoritários que permaneciam com a família, mas acompanhados de sede de vingança contra revolucionários: "Os Bourbon não aprenderam nada, mas não se esqueceram de nada". Essa é uma grande lição. Para viver temos de lembrar de algumas coisas e esquecer de outras coisas. Funes e Luís XVIII são exemplos bons: é impossível viver bem sem esquecer. O erro de nada lembrar é a amnésia, vestíbulo de uma morte. O erro de nada esquecer é o divórcio, a perda dos amigos e a dor permanente... Viver é selecionar memórias, como fazemos com as fotos do aparador: aquelas são as imagens da família que eu desejaria ter. Também ocupam um espaço fantasmagórico as fotos que não estão ali: os momentos que desejo obliterar para sempre. Felicidade está no equilíbrio do binômio lembrar/esquecer.

Cordeiros de Deus

"Hoje, morreu mamãe. Ou talvez, ontem, não sei bem. Recebi um telegrama do asilo: 'Mãe falecida: Enterro amanhã. Sentidos pêsames'. Isto não quer dizer nada. Talvez tenha sido ontem." Assim Albert Camus inicia *O estrangeiro*, o curto romance símbolo de uma geração.

Nas primeiras linhas, define-se a indiferença da personagem Mersault, o protagonista que dizia "tanto faz" (*ça m'est égal*) para quase tudo. A frieza foi usada contra ele no julgamento. A banda The Cure citou o romance na música "Killing an Arab".

Mersault era um *pied-noir*, ou seja, um francês nascido na Argélia colonizada. Ele era estrangeiro porque habitava num país com cultura distinta da sua e era estranho porque se sentia diferente de todos. É a duplicidade em muitas línguas, das palavras estranho/estrangeiro; *étranger*, *strange*. Mersault era um francófono num país de maioria árabe. Os franceses de hoje temem virar minoria na própria França.

Camus fala desse estranhamento diante de um mundo indiferente, povoado de seres sem paixões e que abandonaram as grandes explicações românticas e de redenção. Mersault perdeu a mãe física e perdeu o pai simbólico: a pátria. Porém, ele não é um misantropo de fato, pois a misantropia é uma forma de paixão por si ou pelo isolamento. Mersault é aquele que é obrigado a dizer coisas depois de Hamlet, ou seja, depois que o resto se torna silêncio. O franco-argelino vive além do horizonte sobre o qual o príncipe dinamarquês se calou.

A indiferença não é mais uma opção. O outro não está mais no litoral da Argélia, ele entra na sua pequena paróquia normanda e corta seu pescoço. Foi o caso trágico do padre Jacques Hamel, assassinado por dois jovens fundamentalistas. Testemunhas disseram que um deles fez uma espécie de sermão em árabe. Para quem eu prego quando falo na língua que o outro não entende? Para mim mesmo, claro, porque somente admito meu monólogo. Talvez por isso, todo fanático fale muito alto e grite muito. A voz alta deve tentar calar todas as vozes e, acima de tudo, o imenso grito do contraditório.

O mundo lida mal com a diferença. Formamos guetos há séculos. Criamos ônibus com lugares para brancos e negros nos EUA. Criamos legislação do *apartheid* na África do Sul. Dizemos aos diferentes que estejam com os diferentes e que evitem contato com os outros.

A política de gueto tem sua eficácia. Afastando a convivência, impede o desafio da negociação. Trump promete erguer mais muros na fronteira com o México, como se os latinos já não fossem parte expressiva da população dos EUA e ainda fosse possível negar a diferença. Trump encarna esse medo ancestral da diferença.

Mersault não entendia o que o árabe falava durante o crime. The Cure cantou: "*Can see his open mouth but I hear no sound*" (posso ver sua boca aberta, mas não ouço nada). Os reféns da igreja da Normandia não entenderam o que os fundamentalistas gritavam. Mersault/estrangeiro é uma tragédia ficcional. O fundamentalismo é uma tragédia real e ocorre em muitos campos religiosos e políticos. O discurso fundamentalista ocupa um pouco do niilismo da modernidade, demarcando fronteiras absolutas nas quais a liquidez deixou muita gente perdida.

Não creio que seja possível uma comunicação com militantes do Estado Islâmico. Fundamentalistas encaram o diálogo como fraqueza e não buscam uma forma de convívio. É sempre doloroso afirmar a morte do diálogo, mas o contrário é ingênuo, perigoso até. Eu sinto em relação aos fundamentalistas um pouco o que se atribui a Golda Meir, que, referindo-se à violência do conflito israelo-palestino, afirmava que poderia até perdoar aos árabes pela morte de crianças israelenses, mas não poderia perdoar-lhes por ter sido obrigada a matar crianças árabes. Eu o culpo pelo que você me obrigou a ser. Será que o Ocidente teria de se tornar fundamentalista para vencer o fundamentalista? Nós já não seríamos fundamentalistas na nossa crença sobre os valores corretos? O bombardeio "por engano" de aldeias sírias relativizaria o crime na França? Crianças afogadas no mar, cartunistas assassinados, hospitais destruídos, meninas com rosto deformado por ácido: é longa a lista de vítimas. Há um diálogo de surdos: o padre Hamel é chamado de mártir pelos católicos e seus assassinos são mártires para o Estado Islâmico. Haveria dois Paraísos?

Os militantes fundamentalistas vivem como virtude aquilo que rejeitamos como defeito. Tornam-se, inclusive, os bárbaros necessários à nossa catarse civilizacional. Justificam Bush II e alimentam Trump. Esvaziam nossa racionalidade e nos tornam assassinos também, como acusava Golda Meir.

A Civilização já foi muitas coisas. Hoje, é um debate sobre a sobrevivência de valores como democracia e convivência com diferentes num mundo que ri desse debate de relativismo cultural. No meio de discussões e práticas de barbárie, a imagem das vítimas é um desafio, na Europa e na Síria. O sacrifício de cordeiros de Deus sempre foi uma metáfora fundante da fé. Cordeiro de Deus, que tirais os pecados do mundo, dai-nos a paz.

O caco como cultura

Excerto é sinônimo de trecho ou fragmento, parte de um texto maior. É uma seleção do todo, algo que recortamos com determinado objetivo. O excerto facilita, mas é tijolo de um muro.

Sempre cultivamos o excerto. Para fins didáticos e de compreensão, o extrato funciona muito bem. Na Grécia antiga, os coletadores de ideias eram chamados logógrafos. No século XII da Cristandade, Pedro Lombardo compilou quatro livros de sentenças (*Libri quattuor sententiarum*), um manual de citações bíblicas e de teólogos. A obra alcançou imenso sucesso nas nascentes universidades ocidentais. O texto ajudou a definir o modelo de professor usual da Baixa Idade Média: um comentarista de pequenos trechos, alguém capaz de inserir cada frase num contexto maior e encontrar nexos entre ideias esparsas.

As frases de Pedro Lombardo têm muitas vantagens. A maior é que, com menos esforço, permite ao leitor conhecer mais autores. Ler a totalidade dos escritos de Agostinho é tarefa penosa. A Bíblia é vasta. Os excertos possibilitam, em poucos momentos de leitura, fazer um voo panorâmico por muitas fontes. Os pedaços selecionados trazem ao leitor a possibilidade do acesso mais rápido e eficaz. É um atalho para *um* conhecimento, mas, talvez, não para *o* conhecimento.

Há lacunas irreparáveis no processo. A citação é sempre uma parte. Ela omite a construção da ideia feita pelo autor. O trecho recorta, esfarela e joga uma migalha ao leitor incauto. Outro problema: coletâneas de frases elidem um autor oculto, como o artista ao escolher determinadas pedras para compor o desenho do mosaico. Pedro Lombardo elabora um sistema teológico só com frases alheias. A unidade, porém, é dada pelo coletador. Quem cita, seleciona. Se alguém contesta a validade do trecho, o polímata pode afirmar: é a Bíblia! É argumento de autoridade, infalível. O excerto oculta o vulto de um autor que não está enunciado.

A citação pode claudicar por incompletude. "Deus não existe", assegura o Salmo 53. Sim, meus piedosos leitores, está na Bíblia: DEUS NÃO EXISTE. Porém, o versículo seguinte (ou, dependendo da tradução, o prévio) esclarece: "Diz o insensato no seu coração". Acabamos de ver um exemplo de má citação. Mesmo que o citador seja bem-intencionado, todo recorte se aproxima dessa contradição.

Ao resumir e ao citar, tenho de deixar uma moeda de imposto no altar da traição. Se usei um pequeno trecho traduzido de outra língua, o imposto dobra de valor. O autor mais insuspeito passa por esse trajeto. Os fariseus eram experimentados intérpretes da lei. Para testar Jesus, fizeram a pergunta sobre a síntese de toda a Bíblia. O Mestre respondeu que deveríamos amar a Deus sobre todas as coisas e ao próximo como a nós mesmos. (Mateus 22, 37-40). Ora, a síntese (derivada do pensamento do rabino Hilel) omite coisas importantes, como a lei do olho por olho e do dente por dente (Talião). Ao resumir, Jesus contraria ou supera tradições fundamentais da Lei Mosaica.

Eu, ao sintetizar os versículos do Evangelho, passei por cima de uma sutileza importante: a ordem de amar a Deus de todo o coração, alma e pensamento (distinção fundamental na ideia). Também, ao fazer o excerto da afirmação de Jesus, deixei de inserir a passagem seguinte, que define a figura do Cristo, o título teológico que define a autoridade capaz de ir além da Lei Mosaica. Por fim, citei em português uma frase que teria sido dita em aramaico, traduzida para o grego e, depois, para o latim para chegar, enfim, ao idioma de Camões. Isso foi só para exemplificar o que significa citar e fazer excertos.

Há muitas moedas no altar da traição. A cultura ocidental foi se democratizando do ponto de vista numérico. A comunicação contemporânea acelerou o excerto. Trechos apócrifos, ou seja, de autoria falsamente atribuída, circulam como legítimos filhos da pena de Shakespeare ou de Jorge Luis Borges. Arnaldo Jabor já rejeitou a paternidade de muitos que circulam no *cyberspace*.

Faço palestras sobre grandes obras como *Hamlet*. Logo em seguida, vejo frases do príncipe atribuídas a mim. Como afirmei que "a consciência nos torna covardes", vejo a frase brotar de todos os lados, atribuindo a autoria a este historiador. Pobre bardo, acabou no Irajá!

A bibliografia de um curso superior é, quase sempre, uma coletânea de capítulos variados, raramente um livro completo. Versos de Fernando Pessoa viram trechinhos de uso cotidiano. Versículos bíblicos transmutam-se em pílulas extraídas do contexto. Para piorar, a partir de uma pequena frase de um vídeo, os leitores rápidos enquadram o autor em gavetas. Matizes são ignorados e contradições aplainadas. Somos o mundo do excerto, a civilização do caco, o universo do fragmento. Somos a época na qual a viagem da parte ao todo está em colapso. O caco é o todo. Surge um universo de caleidoscópio com a beleza fátua definida por espelhos de ilusão. Bem-aventurados os que ainda encaram um livro completo.

Educar não é adestrar

Sou professor há mais de três décadas. Muitos pais pedem este conselho: como educar em pleno século XXI? A resposta é complexa.

Somos dominados pela cultura da performance. O conteúdo está em alta, especialmente o de imediata aplicação. O vestibular tornou-se um vórtex e o ingresso em centros de excelência virou meta familiar, pois todos ficam envolvidos emocionalmente no esforço dos jovens.

É fundamental que a criança e o adolescente dominem coisas como linguagem escrita/oral e habilidades matemáticas. Serão úteis por toda vida. Porém, há dois campos que fogem à aplicação imediata. O primeiro é a educação das artes plásticas. Alfabetizamos para a leitura de textos e raramente educamos para a leitura de imagens. Vivemos imersos num mundo visual e não nos adaptamos a isso. O desafio do olhar é intenso e o jovem quase nunca tem habilidade e repertório para julgar esse mundo de fotos e desenhos que flui pela rede. Somos, quase todos, analfabetos visuais.

Levar uma criança/adolescente a um museu é algo muito importante. Deve-se preparar a experiência mostrando algumas obras que serão vistas. Devemos dar informações lúdicas e práticas. Deixe seu filho perceber a cor ou a espacialidade. Ele deve ser livre para se expressar e não devemos julgar o parecer de imediato. Importante: fique um tempo reduzido no museu, proporcional à idade. Aumente esse intervalo a cada novo passo da maturidade. Podemos evocar o tema do que foi visto em conversas familiares. Indique sites que aprofundem a experiência. Isso tudo faz parte de uma educação visual e artística. O olhar fica mais sensível e amplo. Use todas as oportunidades. Indique como a *selfie* que ele tanto faz apresenta uma composição espacial. Introduza, aos poucos, a gramática de cada escola artística. Aprendizado implica esforço.

Educar não é adestrar, mas ampliar e estimular o repertório para que cada ser faça parte da aventura humana. A educação pela arte é poderosa e pode mudar, para sempre, a vida de alguém.

O outro ponto é a música. Todos os seres humanos deveriam ser expostos à linguagem musical desde cedo. Crianças amam o ritmo de tambores (para desespero de pais) e podem entrar logo no campo da melodia. Caixinhas de música seduzem bebês. Alfabetizar em música é algo muito bom. Em primeiro lugar, poucas coisas exigem áreas tão variadas do cérebro. Tocar requer habilidade motora das mãos, matemática do compasso, sensibilidade e abstração interpretativa. Descobrir esse universo é algo que ilumina as sinapses e estabelece a comunicação entre os dois lados do cérebro. Acreditem: a música torna as pessoas mais inteligentes! Rousseau, Nietzsche, Adorno e Barthes foram muito interessados em música. Parte de sua agudeza mental derivou disso.

Há outra vantagem na educação musical. Ao estudar piano, violão ou outro instrumento, despertamos um verdadeiro método. A criança começa com 15 minutos diários, depois meia hora e vai aumentando. É um sistema crescente de concentração. Surge uma arquitetura gradativa que estimula a paciência. Foco é um diferencial enorme nas relações profissionais e afetivas.

O livro *O grito de guerra da mãe tigre* (Amy Chua) narra a experiência de uma sino-americana com suas filhas. Uma foi levada ao piano e outra ao violino. Dentro dos princípios defendidos pela mãe, as meninas foram estimuladas a um alto grau de excelência quase obsessivo. Proponho algo diferente, mas Amy Chua tem a vantagem de ter uma estratégia e de se envolver nela.

A música é para criar alma, não para tocar, obrigatoriamente, no Carnegie Hall ou na Sala São Paulo. Preciso estudar música para ser um bom ouvinte. O jovem deve ser incentivado até o ponto em que ele possa se divertir com a música. Todos ganham com esse aprendizado. Possibilitamos, com as artes, que o indivíduo viva sua sensibilidade, crie foco e amplie seu leque de interesses. Pense bem: se você não quiser enfatizar isso porque seu filho não será músico ou pintor, deveria evitar que ele aprenda a ler, porque ele também não será escritor. Interrompa a Educação Física: ele não competirá nas próximas Olimpíadas. Educação é para formar o ser humano completo, não para tornar cada atividade um projeto de carreira. A carreira virá de forma natural, ela é efeito de uma causa anterior, a personalidade.

Livros, tabela periódica, fórmulas físicas, redação, processos históricos: tudo isso pode ser parte de um projeto. Desejei reforçar a arte e a música como linguagens específicas para um diferencial humano. Meu ex-professor, padre Milton Valente sj (Societatis Jesu ou Companhia de Jesus), afirmava: *non scholae, sed vitae discimus* (não é para a escola, mas para a vida que aprendemos). Poucas coisas têm tanta vida no mundo como a criatividade artística e musical. Ouse, crie e acredite: seu filho será outro se tiver acesso a esses dois mundos. Focar somente no que visa lucro é bom para o projeto de hamsters amestrados, não para pessoas integrais. Não temos a menor ideia de qual carreira será brilhante em 2046, mas todas necessitarão de criatividade e inteligência. Aproveito e agradeço a todos os meus mestres que apostaram que haveria vida após o vestibular.

As corujas invisíveis do crepúsculo

Há maneiras bonitas de descrever o processo. A metáfora poética da geada dos anos clareando cabelos, por exemplo. Shakespeare, no "Soneto 19", lembra que o tempo voraz cega as garras do leão e subtrai dentes ao tigre. Inconformado, pede o poeta que o rosto de seu amor seja poupado da devastação cronológica. Como todo conceito incômodo, o envelhecimento apresenta denominações diversas: do suave "melhor idade" até o cruel "zona de desmanche". Rubem Alves sugeria o lirismo de "pessoas com o crepúsculo no olhar".

Cícero refletiu sobre o processo na obra *De Senectude*, mesmo título do italiano Norberto Bobbio. Ecléa Bosi, no livro *Memória e sociedade*, criou parágrafos lapidares sobre a idade. Simone de Beauvoir trata do conceito no texto "Da velhice". No fim da sua vida e da de Sartre, aumentou a secura analítica no livro *A cerimônia do adeus*. Lembrei-me dos textos ao ver o filme *Amor*, de Michael Haneke (2012), um dos mais belos e duros que já assisti.

A cor da vida é a cor da morte, assegura sábio ditado. Jovens chatos serão velhos chatos. Um adolescente brilhante tem chance grande de gerar um ancião da mesma cepa. No fundo, gente velha é igual a gente jovem, só que velha... Qual seria, de fato, nosso medo? Provavelmente, o receio dialoga com a questão da perda de relevância e de controle, especialmente sobre o nosso corpo.

O físico tem uma lógica particular. Deus permitiu que Jó perdesse todos os bens e seus dez filhos. O paciente sofredor resistiu, epicamente. Só depois, o Criador autoriza uma doença grave sobre o protagonista. O que podemos deduzir? Perder bens e perder filhos constituem males menores do que a fraqueza corporal em si. Em parte, como queria Espinosa, sou o meu corpo. Não existem duas instâncias separadas, mas uma só. Meu corpo não contém o meu ser, ele é o que sou. Velhice é a consciência do limite da matéria.

O outono não é um raio num céu azul. Há sintomas prévios. A primeira vez que nos chamam de tio é um alerta. Uma mulher de 30 anos olha com docilidade e insinua: "Você gosta de mulheres mais jovens?" O Don Juan cinquentão estremece. Em breve surge o primeiro refluxo após um pouco mais de álcool à noite. As letras teimam em diminuir diante das retinas cansadas. Incorporamos palavras complexas ao vocabulário: presbiopia, estatinas, colonoscopia... Nossa casa fica cada vez mais confortável e a rua mais desafiadora. A nécessaire de remédios aumenta a cada ano.

A percepção se acelera quando alguém nos cede um lugar no metrô lotado, ainda com o sorriso generoso de um bom escoteiro que ampara Matusalém na reta final. Por fim, o elogio que mata o último botão da nossa fantasia de juventude finda é disparado: "Você está bem para a idade..." Pronto! Chegamos lá: a região obscura depois do cabo da Boa Esperança. Carimbamos o passaporte para a terra sem volta. O que está pela frente fica menor do que o que passou.

Há pessoas otimistas e pessimistas. As duas posturas envelhecerão. Lutar contra o tempo é como rebelar-se contra a lei da gravidade. Angustiar-se com a idade é temer a chegada do fim do dia ou das fases da lua. Não existe maneira indolor de viver o processo, mas há coisas objetivas a considerar.

Hegel notou que a coruja de Minerva levanta seu voo apenas com as sombras da noite. Essa era a análise tradicional para indicar que a ave símbolo da reflexão e ponderação (dedicada à deusa da sabedoria Minerva) consegue subir no instante do declínio da luz. Sabedoria nunca é alcançada cedo e nem sempre a tempo. Não existem garantias, mas a tradição ensina que podemos melhorar com o tempo. A diminuição dos movimentos rápidos dos anos de vigor máximo colaboram para isso. O carro vai mais devagar e a paisagem é mais clara, ainda que com óculos.

É uma idade de sinceridade. Crianças, velhos e bêbados têm um compromisso maior com a verdade. Nem sempre ficamos pacientes, mas cresce a autenticidade. A idade madura abre os olhos para as coisas essenciais.

Idade do fim? Há controvérsias. Para muitos é o momento de começar a fazer o que realmente gostam. Cora Coralina publicou seu primeiro livro de poesia com quase 76 anos. Konrad Adenauer reergueu a Alemanha Ocidental entre 73 e 87 anos, a mesma Alemanha que Hitler começara a destruir aos 43 anos.

Ulysses Guimarães, respondendo aos que o achavam velho demais para candidatar-se à presidência, gostava de lembrar que, em oposição ao experiente Adenauer, Nero tocou fogo em Roma aos 27 anos. Aliás, a obra máxima do doutor Ulysses, a promulgação da Constituição de 1988, foi feita na véspera de ele completar 72 anos.

Por fim, quando o mundo não precisa mais ser conquistado, ele pode ser fruído. Há mais tempo para isso. Os ritmos podem ser respeitados. Há vagas em estacionamento e preferência nas filas. De quando em vez, surgem netos, um estágio superior de paternidade e maternidade. Alguns possuem mais dinheiro na maturidade do que na juventude. Perdemos a obsessão com o julgamento alheio. Quase sempre saímos do jogo da sedução.

Há melancolia e libertação no processo. As cabeças não se voltam mais logo que entramos. Como muitos perceberam, aumenta nossa invisibilidade para o mundo. Na infância, eu achava que o homem invisível da televisão poderia fazer quase tudo. Os seres crepusculares podem! As corujas voam mais livres no fim.

O historiador como juiz

"A história me absolverá", falou Fidel Castro ao final do seu julgamento pelo ataque ao quartel de Moncada, em Cuba. Trata-se de um argumento tradicional, empregado em momentos de derrota. Também serve para diminuir a culpa dos pais ao punirem seus filhos: "Um dia, quando você tiver filhos, irá me entender". Atribuímos ao tempo um valor pedagógico, uma revelação gradual do justo e do correto.

A ideia do julgamento póstumo apareceu na fala do advogado José Eduardo Cardozo ao defender a ex-presidente Dilma, assim como no longo discurso dela no Senado. A história seria implacável com aqueles que votassem a favor do impeachment. Cardozo foi mais longe. Entre lágrimas, almejou que algum ministro da Justiça teria de pedir desculpas à presidente que caía. Era o apelo ao Supremo Tribunal do Tempo (STT) revestido de profecia.

Pessoas de fora da área da História costumam repetir o que chamamos de "sentido ciceroniano" da memória. Cícero chamou à História "mestra da vida". Haveria uma reserva moral perceptível no desenrolar dos fatos. O tempo garantiria a retirada das paixões. Só a tinta seca permitiria avaliar o quadro. A serenidade conferida pela distância dos fatos e a verificação cirúrgica das intenções possibilitaria ao historiador assumir a toga isenta de juiz do mundo pretérito. Tal como um magistrado sério, quem escrevesse sobre o passado não se afogaria nos desequilíbrios partidários do torvelinho atual. Fleuma, a virtude exaltada pelos ingleses; fleuma como sinônimo de tranquilidade e equilíbrio, seria o traço dominante e desejável ao prolatar sentenças.

Objetividade e discernimento são, de fato, atributos de um bom texto histórico. Mas a história não é um tribunal, muito menos um juiz a indicar certo e errado em meio a opiniões. O grande Marc Bloch já insistia, numa obra escrita num campo de concentração nazista (um lugar bom para se dizer o contrário), que a história não deveria julgar. História não tem sentido moral. Pior: nada garante que o estudo do passado evite erros do presente, até porque os fatos não se repetem, são sempre únicos.

Direi de forma direta: a ex-presidente Dilma pode, em 50 anos, ter uma avaliação oposta à atual (ainda que não exista uma unanimidade hoje). Isso não será fruto de uma maior justiça ou equilíbrio, mas do que estiver ocorrendo em 50 anos e quais fatos desejaremos esquecer, lembrar ou até criar. A justiça é dada também pelo futuro e por suas necessidades. A lógica do passado não é autônoma.

Quando calarem as personagens envolvidas, quando os polos exaltados tiverem submergido no silêncio, quando Janaína, Dilma, os netos de Dilma citados por ambas, Cardozo, Lula, Lewandowski, bem como você e eu, caro leitor, estivermos todos reintegrados ao ciclo do solo, não emergirá a justiça e a isenção, mas novas personagens com novas paixões e interesses.

São os fatos e as posições do presente que dizem se Che Guevara foi um herói (o "maior homem da história" para Sartre) ou um canalha assassino (para outros). Cada tribunal da História terá sempre o juiz do seu tempo, o júri e os advogados da sua historicidade específica. Nunca existirá isenção. Sempre vicejará a subjetividade. Neutralidade é um desejo e uma meta, jamais uma realidade integral.

Não se trata de relativismo extremado, mas de reconhecer que o certo e o errado são determinados historicamente. A presença do STF no imbróglio, por exemplo, foi dada como garantia para a legalidade do processo. Isso é correto para muitos, mas não significa que o julgamento seja, em si, justo, apenas que atingiu seus objetivos através do STF. A legalidade não é sinônimo de justiça. Todo tribunal é formado por homens e suas subjetividades. Coisas exclusiva do Direito? Não! Havia médicos assistindo a algumas sessões de tortura durante a ditadura. A presença de um médico não significou a defesa da vida e da saúde, as funções que o juramento de Hipócrates obriga a todo esculápio. Da mesma forma e para não parecer corporativista, a presença do professor não garante a educação. Por vezes, infelizmente, é um obstáculo ao aprendizado.

Nem tragédia e nem farsa, como pensou Marx: a história é apenas uma sucessão caótica de acontecimentos destituída de lógica ou moral. Somos náufragos no gigantesco oceano dos fatos, dando ao passado direções póstumas a partir de morais presentes. Talvez a história absolva Dilma. Talvez a condene com veemência maior. Talvez ela seja esquecida. Talvez vire nome de praças que, depois, serão renomeadas em outro regime. Nem ela e nem nós estaremos aqui para saber. Voltamos à primeira frase. A história absolveu Fidel? O assalto ao quartel de Moncada falhou em 1953, mas o advogado cubano acabou tomando o poder. Assumindo o controle do cabo do chicote que antes o fustigara, ele executou adversários, mudou o judiciário e impôs novas leis. Assim, a história revolucionária da ilha o promoveu a herói, pois foi reinventado por novos donos da memória.

Gentileza gera gentileza

Ann Dunham é a mãe de Barack Obama. Ela ficaria surpresa ao ver seu filho na Casa Branca. Talvez ficasse ainda mais espantada se soubesse que o presidente das Filipinas, Rodrigo Duterte, a insultou sem nunca tê-la conhecido. O boquirroto chefe do arquipélago chamou Obama de "filho da p...". Impressionados, caros leitores?

O ex-prefeito do Rio, Eduardo Paes, fez a entrega de uma residência a uma mulher e, ao invés da fala tradicional, bradou que ela usaria muito o quarto recém-entregue para atividades sexuais intensas. O verbo exato não poderia ser usado num texto que entra pela soleira de casas de família num domingo pela manhã. Não foi apenas um palavrão que escapou ao prefeito, mas uma enxurrada de vulgaridades diante dos vizinhos atônitos e das câmeras.

Emília, do *Sítio do Picapau Amarelo*, tinha a famosa "torneirinha de asneiras" na boca. Seria a boneca uma profetisa de todos os Trumps da política?

Retrocedamos: Baldassare Castiglione fez sucesso no Renascimento com o livro *O cortesão*. Na forma de diálogo, estabelece os parâmetros para uma pessoa ser considerada educada. A marca distintiva do cavaleiro seria conseguir, com gestos e falas, evidenciar uma superioridade pessoal sem muito esforço. A habilidade de ser elegante de forma natural foi sintetizada no vocábulo italiano: *sprezzatura*. Ainda que possa ser lida como uma indiferença irônica e defensiva, a *sprezzatura* foi concebida como um código, uma maneira correta de ser nas cortes da idade moderna.

A jovem classe burguesa tentou imitar os hábitos da nobreza. Compravam-se títulos e repetiam-se maneiras. Refinamento passou a ser cartão de acesso a um mundo considerado superior. Molière ironizou esse movimento no *Burguês fidalgo*. Faltava *sprezzatura* ao senhor Jourdain, a personagem central da comédia. Ele oscila entre o ridículo e o empolado. Era um fingidor. Portava uma máscara que não se adequava ao rosto. Hoje, seria chamado de emergente.

O século XX multiplicou o esforço das classes médias e altas na busca de um refinamento que garantisse sua posição. Livros de etiqueta proliferaram. Em São Paulo, a obra de Marcelino de Carvalho tornou-se leitura obrigatória. Também eram concorridos seus cursos de etiqueta na escola Eva, na rua Augusta. A Pauliceia ainda oferecia a chance de melhoria pessoal seguindo as aulas da suíça Louise Reynold, a famosa madame Poças Leitão, que ensinou bons modos e dança de salão a muitas gerações em São Paulo. Hoje, é nome de uma simpática rua no Jardim Paulistano.

A etiqueta moderna era um canal para dizer "quem é quem", um distintivo social, uma linguagem e um código, como a estudaram Norbert Elias (*A sociedade de corte*) e Renato Janine Ribeiro (*A etiqueta no Antigo Regime*).

Gostaria de resgatar um sentido menos usual da palavra etiqueta: pequena ética. Etiqueta não seria o duvidoso valor de saber qual talher ou copo seria adequado. A verdadeira etiqueta trata da convivência em grupo. A "pequena ética" seria uma consciência de que, mais do que atributo da antiga nobreza, a cortesia e a gentileza são fundamentais para a existência em sociedade.

"Por favor", "com licença", "desculpe-me" e "obrigado" são quatro fórmulas mágicas que devem ser multiplicadas. Todas implicam reconhecer que há algo ou alguém além de mim. Saber segurar a faca corretamente na mão direita e, ao mesmo tempo, maltratar o garçom é prova de que só se captou a parte imbecil da etiqueta. Há muito mais. Ceder lugar em transportes públicos a quem mais necessite dele, como gestantes, por exemplo. Falar baixo para não invadir ouvidos e intimidades alheias. Evitar transformar seu carro em trio elétrico nas cidades. Fugir de grosserias ofensivas como as descritas no início da coluna. Tornar o trânsito um espaço de cidadania. Respeitar o mundo ao redor não porque aspiramos à nobreza, todavia porque somos parte de uma humanidade maior, mutuamente dependente. Tudo isso assume um poder multiplicador, como garantia o profeta Gentileza, no Rio: gentileza gera gentileza.

Toda a essência da nova etiqueta é a consciência da vida em grupo. Estamos em crise profunda sobre os valores sociais. A grosseria e a vulgaridade imperam, de Manila ao Rio, de São Paulo a Washington.

Educar é um esforço. Funciona pela indicação direta e pelo exemplo, este último o mais poderoso professor já inventado. A vulgaridade e o preconceito irmanam sofisticados salões burgueses e bares populares. Variam os atores, permanece o mesmo espírito tosco.

Atrás da grosseria esconde-se alguém com duplo defeito: tem medo do mundo e dele se defende com as patas erguidas. Acima de tudo, o ser grosseiro tem dificuldade em compartilhar a alegria do convívio, pois vive o isolamento pleno de temores. Cortesia e etiqueta ajudam a dar alguns passos na arte da felicidade. Atrás de alguém sem noção social existe um ser que padece e ataca para encontrar um paliativo a sua dor.

Os medíocres fascistas e democratas

Duas pessoas discutem sobre um tema espinhoso como o aborto ou a liberação de drogas. Quando a temperatura da conversa aumenta, um dos lados vai jogar, com grande certeza, o insulto de "nazista" ou "fascista" sobre o adversário. A sombra de Hitler alonga-se no horizonte. O professor não desmarcou a data da prova como pedido? – Nazistão – bradará o coro dos alunos indignados. Um governo lança a ideia de controle da mídia? Tática fascista!

O nazismo funciona como um conceito *portemanteau*, expressão francesa que usamos para falar em alças nas quais dependuramos tudo, como os casacos em cabides. Citar sempre o nazismo como modelo de ditadura é um recurso retórico eficaz quando se insulta adversários, pois algumas linhas gerais do fascismo alemão são do conhecimento geral e Hitler encarna o mal em estado absoluto para quase todas as pessoas.

Tente difamar um inimigo nas suas redes sociais dizendo que o pensamento dele se parece com o de Rafael Trujillo, ditador por três décadas da República Dominicana. O efeito será nulo. Lembrar-se de infames, como Alfredo Stroessner, por muitas décadas ditador do Paraguai, é só um sinal de idade. Hitler é um nome mais magnético e eficaz, o tipo ideal de ditador. A memória nazista atravessa gerações. Todo professor de história sabe que a análise da personalidade de Hitler provoca atenção até em alunos. Ivan é "o terrível" para nós e "o grande" para os russos. D. Maria I é a "louca" no Brasil e a "pia" em Portugal. Hitler é o malvado favorito de todos.

Para aqueles que idealizaram o ditador nazista como um gênio do mal, é preciso dizer que se o mal é bem empregado no caso, gênio é um equívoco. Já ouvi muito: "Ele era um assassino, mas era brilhante". As biografias tradicionais de Hitler, como a de Joachim Fest e John Toland, já tinham indicado que não se podia sustentar a tese da inteligência do cabo austríaco. De forma ainda mais contundente e recente, Ian Kershaw derruba, tijolo por tijolo, a imagem de estrategista poderoso ou brilhante. Era homem medíocre, limitado em todos os sentidos, com uma visão de mundo na qual sua tacanhice fazia par com seus ódios. Hitler é tão banal que fica o incômodo de como alguém assim chegou ao ponto dos genocídios que perpetrou. Talvez o segredo seja este: Hitler entendia o alemão comum por ser um homem comum. Como alguém estúpido chega ao poder? Ó brasileiros, ó cidadãos da minha terra amada: vocês têm certeza de que desejam me fazer esse questionamento? Por que a Alemanha seria diferente de nós?

A biografia de Goebbels, de Peter Longerich, também revela dados curiosos. Como Goebbels era um doutor em Filosofia pela renomada Universidade de Heidelberg, imaginávamos que o verdadeiro gênio do mal era ele e não o seu chefe idolatrado. O livro destrói isso. Homem frágil, cheio de dor e de limitações e devotado como um cão ao Führer. O ideólogo oficial do regime, Alfred Rosenberg, não fugia a essa regra. Ele era filiado ao partido nacional-socialista antes de Hitler. Ler a obra principal dele, *O mito do século 20*, é quase constrangedor, ainda que tenha sido um ovo de serpente. A força do tribunal de Nuremberg não matou nenhum gênio. A banalidade do mal, conceito de Hannah Arendt, serviria para mais gente além de Eichmann. Os nazistas não eram apenas comuns, também eram medíocres.

Talvez esteja nessa mediocridade a vitalidade e a eficácia do sistema fascista alemão. Explorar medos coletivos, dirigir violências contra grupos em meio a histerias sociais, aproveitar-se de crises para assustar a muitos com fantoches, usar propaganda sistemática e fazer da violência um método exaltado é uma estratégia que, infelizmente, não se encerra com o fim do regime nazista e nem precisa de brilhantismo. São recursos fáceis na maioria dos momentos históricos, em especial os de crise.

A mediocridade é uma das molas da história e um esteio da violência. Ao final da experiência totalitária nazista, seis milhões de judeus tinham desaparecido. Ao lado do racismo antissemita, outras vítimas como ciganos, testemunhas de Jeová, militantes comunistas, homossexuais e deficientes físicos e mentais tinham encontrado a morte. A mediocridade não pode ser considerada inofensiva.

Sempre me assusta que a democracia de massas compartilhe com as ditaduras a necessidade do espetáculo. A produção de um acordo que possibilite ao ditador ou mesmo a um democrata o exercício do poder é algo estranhamente essencial a um sistema ou outro. Convenções partidárias e cenografia, guardados certos parâmetros, aproximam as apoteoses nazistas em Nuremberg e os encontros dos partidos democrata e republicano nos EUA atuais. Da mesma forma, a propaganda política que nos seduz/adestra/omite sobre os candidatos às prefeituras e ao cargo de vereador são, muitas vezes, seguidoras da ideia nazista de uma mentira repetida mil vezes.

Democracia é melhor do que ditadura. Na ditadura, o corpo da liberdade e dos direitos fundamentais é assassinado. Na democracia, ele é chicoteado e insultado, mas sobrevive. Na ditadura, a chama da liberdade é apagada; na democracia, ela bruxuleia. Gostaria que os dois continentes, o da liberdade e o do fascismo, fossem mais distantes. A sedução de um psicopata imbecil como Hitler talvez indique que, além de muitas pontes, os dois mundos têm fluxo migratório acima do desejado.

Universidades e sociedade

Cinco de outubro de 1966: há mais de 50 anos foi lançada a pedra fundamental do *campus* da Universidade Estadual de Campinas. Foi concebida por dois médicos: o governador Ademar de Barros e, em especial, Zeferino Vaz. A Unicamp tornou-se a terceira filha universitária do estado de São Paulo. Tendo galgado de forma rápida o posto de uma das mais importantes instituições de ensino superior do Brasil, ela chegou ao cinquentenário com desafios enormes e conquistas impressionantes.

O conceito de universidade completou mil anos no Ocidente cristão. Bolonha (Itália), no século XI, foi a primeira instituição europeia de ensino superior. Havia similares mais antigas no mundo islâmico e oriental.

Universidades sempre foram parte (nunca o todo) da produção e transmissão do conhecimento. William Shakespeare nunca sentou no banco de uma. Espinosa viveu entre lentes no seu sótão batavo. Oswald de Andrade não conseguiu ser aprovado em concurso para o quadro docente universitário. O mercado, as empresas, os gênios isolados, os artistas autônomos, as instituições religiosas e obscuros bares acolhem, com generosidade, outras cotas da incansável inventividade humana.

Vou atenuar a iconoclastia do parágrafo anterior: nomes fundamentais do pensamento, como Tomás de Aquino e Einstein, engendraram parte das suas ideias dentro de grandes instituições de ensino superior. Se houve muitos gênios extramuros, também devemos ressaltar que o grosso da transmissão da técnica que possibilita a existência de engenheiros, médicos, químicos e historiadores é, hoje, quase exclusivamente universitária.

Sou filho da universidade e inserido num mundo específico, o das Humanas. Somos uma tribo exótica, que desperta certo interesse e alguma rejeição. Exemplifico: estive em determinado concurso para professores numa instituição federal de São Paulo. Por uma série de fatores, o presidente da banca era um médico. Os outros colegas julgadores eram historiadores. Diante da nossa prolongada discussão sobre um conceito na prova de uma candidata, o presidente exclamou, impaciente: "Se eu demorasse tanto tempo para decidir algo, meus pacientes já teriam morrido!" Expliquei ao renomado doutor: "A nossa felicidade é que somos historiadores, todos os nossos pacientes já estão mortos." Ele riu. Éramos estranhos, mas bem-humorados...

Saiamos do meu igarapé de devaneio e voltemos ao rio principal. Existe, hoje, como parte de um momento muito específico, um anti-intelectualismo crescente. Ele sempre existiu em ditaduras como o nazismo ou na Revolução Cultural Chinesa: uma desconfiança do caráter perigoso e pouco prático do pensamento especulativo. O anti-intelectualismo é uma mistura de irracionalidade e autoritarismo. Não se trata apenas de reconhecer o que já afirmei (a universidade não é a única a produzir conhecimento), mas de uma negativa de que ela seja útil ou focada no conhecimento.

O símbolo do ódio à reflexão é a queima pública de livros. As fogueiras ocorreram tanto na China imperial como na socialista. A mais famosa cena foi a 10 de maio de 1933, quando os nazistas queimaram milhares de livros ditos "semitas", como os de Freud ou Thomas Mann. Começava, então, a cumprir-se a profecia de Heinrich Heine: onde se queimam livros, ainda se queimarão pessoas. Coisa de ditaduras? Nem sempre: no país das melhores universidades do mundo, os discursos de Donald Trump são a encarnação do anti-intelectualismo.

Por vezes, trata-se unicamente de ressentimento. Combate-se o que não se possui ou o que não se entende. Ataca-se por, no fundo, desejar ardentemente. Há muitas raposas a declarar as uvas distantes inaptas ao consumo.

Identifico algo além de raposas ressentidas. Há uma onda de repulsa em relação aos questionamentos de paradigmas tradicionais. Existe uma vontade de associar o debate a uma guerra a valores pretensamente imutáveis e sagrados.

O anti-intelectualismo não é uma nova razão ou um combate aos argumentos racionais. Ele é uma forma de estar no mundo e de recusa à ciência como o "estado atual dos nossos erros", na acepção do universitário Einstein. Opõe a opinião à pesquisa, o saber desencarnado e individual ao árduo processo de verificar hipóteses e aprofundar temas. Formar um médico ou um filósofo implica anos de leituras, reflexões, práticas, debates. O universo de cada saber é vasto e ainda demanda o conhecimento de línguas e um esforço titânico para captar, compreender, associar, relacionar e aplicar os conceitos essenciais.

Como eu disse desde o começo, há saberes igualmente sólidos que não dependem da universidade, mas esses e aqueles dependem de esforço sistemático e longo. Não estou opondo o saber universitário ao conhecimento autônomo ou um erudito a um popular; mas o saber ao não saber; a reflexão crítica e sistemática a uma espécie de "achismo" nascido de egos densos no ressentimento e rasos na reflexão.

Um dia, numa formatura na Unicamp, dividi com o professor Octavio Ianni o posto de paraninfo. Lá ouvi o cientista social dizer que a liberdade era a condição fundamental para pensar e que a universidade pública era um espaço privilegiado para isso. Por sugestão minha, a biblioteca do Instituto de Filosofia e Ciências Humanas (IFCH) tem o nome do professor Ianni. Que os próximos 50 anos da Unicamp encontrem muitos professores como ele.

Presenteando gregos e troianos

"Temo os gregos, mesmo quando dão presentes." A advertência foi feita por um ilustre troiano ao final da guerra. Ele suspeitava que o estranho cavalo diante das muralhas da cidade poderia ser uma armadilha. Não foi ouvido. Troia caiu. A desconfiança originou a expressão "presente de grego".

Presentes são altamente simbólicos. Quem me oferece algo diz muito sobre nossa relação. Um presente ruim é recebido com estranheza dupla. Primeiro, não gosto do que recebo. Segundo, desconfio que traduza um equívoco de compreensão da minha pessoa. Uma oferta é uma radiografia das almas.

O campo é vasto. Um presente pode ser uma forma de controle. Dar algo que alguém não possa retribuir é uma forma de afirmar meu poder. Parte da questão foi tratada por Marcel

Mauss no seu estudo clássico sobre a dádiva. Presentes falam muito além de seu simples pacote.

A boa educação e os sentimentos piedosos ensinam a aceitar qualquer coisa em nome do afeto contido no gesto. É um conselho sábio. Quem me presenteou gastou algum tempo e algum dinheiro com isso. Em nome dos bons modos, todo pacote deve ser bem recebido. O presente é secundário, a intenção é central. Também é adequado empanzinar-nos de capim sem sal para que nossa saúde floresça com o viço das ervas ruminadas. Raramente o correto é gostoso. O caminho da virtude, por vezes, contém renúncia abnegada.

Um presente é um gesto de sensibilidade. Implica abdicação do meu gosto para perceber o alheio. Muita gente dá algo para si ao invés de dar ao outro. A primeira virtude do bom presenteador é evitar a universalização das afinidades estéticas e conceituais.

Do parágrafo anterior, emerge outro risco. "Leandro ama vinho tinto? Que bom, eu estava numa cidade do interior e lá eles fazem um vinho maravilhoso... Trouxe para você!" Voltamos ao sentimento piedoso: Que bom que você se recordou do meu gosto. E ponto. Decisão silenciosa: a portaria do prédio será presenteada com a garrafa gestada nas vinhas da ira.

Não é uma arte fácil. "Leandro gosta de ler? Vou dar um livro!" Duas hipóteses: o livro é expressivo e bom e, nesse caso, há uma chance alta de eu possuir a obra. Hipótese alternativa: o livro é um horror, portanto, não o tenho e não desejaria tê-lo. E lá vamos à portaria de novo...

Presentes caros podem ser bem recebidos pelo valor em si ou porque demonstram que sou importante a ponto de a pessoa gastar mais comigo. Precisamos ressaltar: os presentes especiais são os que mostram o cuidado e não o valor.

Vejam um exemplo trivial. Vai presentear vovó? Uma toalha de rosto com o nome dela bordado é simples e barata. Será mais bem recebida do que um vaso com flores comprado a caminho da casa dela. O primeiro presente demandou certa antecedência e possui o toque especial do nome. O segundo sinaliza: tenho de levar algo, compro no caminho. Importante: nem toda pessoa mais velha gosta de receber sabonetes em todas as datas.

Faltou dinheiro? Conheci uma senhora que recortava gravuras bonitas de revistas, criando um cartão original. De novo: o cuidado torna o presente significativo. Meu tempo é, sempre, a entrega maior.

A boa oferta é definida no Evangelho como o óbolo da viúva. Ao depositar as minúsculas moedas que lhe fariam falta, ela deu mais do que os ricos, que lançavam o que sobrava.

No filme *A pele do desejo*, de Andrew Birkin (1992), a protagonista, sofisticada, ganha vários presentes ruins do namorado pescador. No final, ele acerta: uma âncora, pequena e significativa, uma peça-símbolo do que ele fazia e do que eram um para o outro. Ela fica emocionada. Ele aprendera que menos é mais.

Algumas pessoas emitem sinais do que desejam. Outras pedem diretamente. Ao contrário de mim, há quem se deleite com surpresas.

Além da pessoa, existe o momento. Nada de peso deve ser dado a quem vai pegar avião ou está em viagem. Um colega palestrante segredou-me que recebeu, ao final de um trabalho, uma enorme faca de churrasco. O objeto era quase uma espada. Faria soar alarmes até a sede da Otan. Como eu, quase todo viajante profissional não despacha bagagem. Não existe fórmula, mas existe uma sensibilidade a ser desenvolvida.

Por fim, existem pessoas focadas. Sempre lembro de uma tia-avó que, em todos os aniversários, trazia a mesma coisa: uma bola embrulhada. Eu e meus irmãos sabíamos: ano após ano, lá estava ela, constante como o relógio-cuco da nossa casa, segurando a indefectível bola. Diante do pacote esférico, ela perguntava: "Adivinha o que eu trouxe?" Nós fingíamos dúvida e abríamos com falsa avidez. Uma bola! Que bom! Era um ritual simpático da nossa infância.

A Bíblia define que ninguém tem maior amor do que aquele que dá a própria vida pelo outro. O segredo está nessa ideia. O presente deve ter sua vida em diálogo com a vida do outro. Dar-se é uma grande dádiva. O bom presente é uma via dupla e alegra o que oferta e o que recebe. É um gesto de comunhão e de afeto.

Já pensou em dar algo imaterial e precioso como sua atenção total? Ofereça um jantar e não leve seu celular. Siga com genuíno afeto tudo que ela ou ele fala e esteja inteiro na conversa. É um presentão! O resto são pacotes...

Palavras da terra e do ar

O texto diante dos seus olhos foi escrito a bordo de um avião. A agenda no solo me obriga a produzir no céu. Se alguém me acusar de ser um nefelibata, indivíduo com cabeça nas nuvens, terá razão.

"Nefelibata" pertence à categoria de palavras que indicam idade. Quem a usa, provavelmente, lia a seção "Enriqueça seu vocabulário" da revista *Seleções*.

Monteiro Lobato, no livro *Emília no País da Gramática*, conferiu um imenso prazer à descoberta da língua. O autor de Taubaté tornou inesquecível o diálogo atrevido de Emília com os arcaísmos, como a palavra "bofé" (sinônimo de francamente). As definições que o rinoceronte Quindim sofisticava, a boneca aplainava.

"Nefelibata" e "bofé" poderiam andar ao lado de "energúmeno" no campo indicativo de antiguidade do usuário. "Energúmeno" tem sonoridade dupla: é polissílaba e proparoxítona. A professora Juraci assegurava-me que as proparoxítonas podiam ser chamadas de esdrúxulas. Eu era criança e fiquei assombrado! Há coisa mais saborosa do que apontar para algo e dizer que é esdrúxulo? A palavra sai sonora, ressuscitada como um Lázaro em mortalha, reencontrando, atônita, a luz do dia.

Visualizem a seguinte cena: numa rusga de tráfego, um motorista grita "sacripanta!" a um infrator que lhe atravesse a rota. Imaginem se o atingido pela pedrada vocal redarguisse que o insulto é estapafúrdio? Após um sagrado silêncio, talvez, poderiam se entreolhar com certo afeto parnasiano. Talvez abandonassem a animosidade e reconhecessem um elo. Convenhamos: palavrões que invocam a moralidade da genitora ou especulem sobre orientação sexual do condutor são de uma banalidade constrangedora. Mas sacripanta? Estapafúrdio? Raros, meus leitores, raros. São insultos preciosos, quase elogios.

A inteligência atual não é menor do que aquela que brilhava nos discursos de Rui Barbosa. Antes, a riqueza vocabular era um indicativo de sólidas leituras e formação preciosa. Sinonímia era um termômetro de bacharéis respeitáveis e de boa família. Hoje, o tom direto é a virtude cardeal. O homem de letras esmerava-se para engastar uma rima. A frase era lapidada. A forma era tão fundamental quanto o conteúdo.

Suspeito que havia mais tempo livre. Num mundo de nomes curtos como o nosso, como explicar uma mulher chamada Capitolina, imortalizada por Machado como Capitu? Hoje, a esposa de Dom Casmurro atenderia pelo apelido Cá... De oblíqua e dissimulada, ela passaria a vesga e falsa. A modernidade asfaltou a estrada vocabular. Nada mais é engastado. Foram assassinadas as nuanças. Os mosaicos receberam cal.

Mudam-se os tempos, mudam-se as vontades. Um admirável mundo novo implica vocabulário distinto. Expressões tradicionais que indicavam a convivência peninsular com a tradição árabe, hoje, provocam equívocos. Já desejei "Oxalá consigas" e recebi como resposta: "e Iemanjá me ajude também!"

A língua é viva e dinâmica. A gramática normativa é antes necrotério do que berçário. O uso transforma e recria. Parte da beleza da última flor do Lácio é perceber o movimento histórico das palavras e dos sentidos.

Exemplo hipotético: Padre Vieira seria reprovado na redação do Enem. O "imperador da língua" (como o descreveu Pessoa) acharia insuficiente o espaço para expressar coesão e coerência de qualquer ideia. Usaria regências que ficaram ultrapassadas. Com suas orações subordinadas, seria considerado confuso pelo corretor. Isso não é trágico, é histórico.

Não reclamo das formas contemporâneas de comunicação. Um bom usuário da língua deve saber utilizar diversos códigos para distintos objetivos e públicos. Passar do "Sermão da sexagésima" para uma frase de WhatsApp é importante. Um haicai não é inferior a um poema épico. Por vezes, um "pô" ou um "nem" podem ser tão expressivos e comunicativos quanto as dezenas de páginas que Proust utilizava para descrever o som da colher na xícara.

A leitura de Alexandre Herculano ou de Euclides da Cunha não me torna melhor como pessoa. Porém, se consigo entender um texto com expressões alicerçadas em outro código de comunicação, minha capacidade de transitar entre mundos aumenta. Ler apenas aquilo que já conheço com termos usuais é como levantar pesos de cem gramas na academia: o resultado é a monotonia.

Mário de Andrade ironizou, na carta às icamiabas (*Macunaíma*), que nosso país tinha tal opulência que possuíamos duas línguas: "a sua riqueza de expressão intelectual é tão prodigiosa, que falam numa língua e escrevem noutra". A língua da cidade de Portugália (segundo Lobato) tem novos loteamentos: o português das escolas, o da internet, o dos jornais, o oral, o dos rostinhos com emoções (um dos bairros com maior potencial de expansão).

Uma boa educação deveria trabalhar a beleza do pretérito mais-que-perfeito e a compreensão do quase fóssil modo subjuntivo. Ao mesmo tempo, nada impediria agradecer uma mensagem com o semítico (sem vogais) anglicismo: "tks!" Emília adoraria, Rui Barbosa não. Todo nefelibata deveria conhecer Taubaté. É preciso visitar os muitos bairros da nossa língua portuguesa.

Marias latinas

Outubro tornou-se o mês do rosário na tradição católica. São Pio V criou a festa para celebrar o êxito cristão, na Batalha de Lepanto, contra a esquadra turca, em 1571.

No Brasil colonial, a Virgem do Rosário foi associada a irmandades negras. As brancas buscavam a invocação de Nossa Senhora do Carmo.

No dia 12 de outubro de 2016 abriram-se as reflexões e festas para os 300 anos do achamento da imagem de Nossa Senhora da Conceição Aparecida. Em 2017, com o tricentenário da pesca no Rio Paraíba do Sul, que iniciou a devoção à virgem morena, vivemos uma nova etapa de romarias e festas.

O Brasil descobriu esse culto mariano no período em que a colonização entrava no apogeu do ouro. O México celebra a aparição de Guadalupe logo ao início da conquista espanhola.

As duas virgens, Guadalupe e Aparecida, são morenas. Ambas se identificam com indígenas e negros e reforçam o apelo popular e nacional. O rio da devoção das Marias coloniais iniciou-se de forma singela: um oratório privado do bispo Juan de Zumárraga no México e a humilde capela de pescadores do Paraíba do Sul. Um dos primeiros milagres de Guadalupe foi transformar as rosas colhidas por São Juan Diego numa imagem *achiropita* (não feita pela mão humana) impressa no manto do indígena. Os poderes iniciais de Aparecida são belos na sua simplicidade: velas que se acendem sozinhas, correntes que se partem, pesca abundante e cavalos que empacam na porta da igreja.

Há outro aspecto em comum às tradições. As duas imagens foram alvo de atentado violento. Em 1921, uma bomba explodiu na igreja de Guadalupe. Os estilhaços maiores foram amparados por um crucifixo que hoje está na nova basílica. Retorcido numa urna, o Cristo testemunha a metáfora do filho que defende a mãe.

Em 1978, a imagem de Aparecida sofreu um ataque devastador. Um indivíduo a espatifou no solo da basílica. A reportagem sobre a restauração e seus inusitados percalços pode ser lida no excelente livro *Aparecida*, de Rodrigo Alvarez.

Estive muitas vezes estudando a devoção mariana no México e no Brasil. Fiquei horas acompanhando as pessoas olharem para o manto na sua moldura dourada na Cidade do México. O mesmo fiz na basílica de Aparecida. É uma experiência única. Naqueles espaços ocorrem fenômenos sociais de fé, de entrega, de alegria comovente, de gratidão e, também, de comércio.

As Virgens morenas da América sintetizam as sociedades latinas em quase todos os aspectos. É fácil ser crítico do que ocorre nos lugares de veneração. O olhar cético verá uma explosão supersticiosa orientada para o lucro e controle de almas ingênuas. As muitas lojinhas parecem clamar por um novo Jesus a virar as mesas dos vendilhões do Templo.

Há muito mais. Aparecida traz ao altar o diálogo com nossa raiz africana. Guadalupe é uma virgem ameríndia. Há que se recordar de outra raiz: em 2017, também é comemorado os cem anos da aparição de Fátima. Ao mundo afro-ameríndio, junta-se o lusitano.

Tenho a sensação de que os cultos de Guadalupe, Aparecida e Fátima contêm, como obras abertas, muito daquilo que formou o mundo ibérico. Sociedades complexas, marcadas por racismos e exclusões, chegam aos pés das suas virgens com a totalidade do seu ser. O fiel mariano é o homem na sua inteireza: aproveita um passeio, vive sua fé, traz a família, chora, compra uma lembrança, acende uma vela, reza e usufrui do *fast food* local. Por fim, ele volta, feliz, à sua casa.

As salas dos ex-votos traduzem uma percepção de mundo e de Maria como advogada dos desvalidos. Há quadros com pintura *naïf*, cabeças de cera, panelas de pressão retorcidas que explodiram e até diplomas de doutorado. Abundam violões e vestidos de noiva, maquetes de uma casa própria e muitas fotografias. É um museu do desejo coletivo e simples, uma genética latina sobre guarda e amparo. Ali toma forma uma gramática do dom, da proteção e da realidade sobrenatural que paira sobre as pessoas.

Sempre imagino que uma parte expressiva de como funciona a sociedade brasileira está lá. Os políticos tupiniquins deveriam frequentar mais a basílica de Aparecida. Não como fazem tradicionalmente, para ostentar uma fé eleitoreira e seu verniz de tartufismo, a falsa piedade. Deveriam estar lá para radiografar a alma do cidadão anônimo, entender suas demandas mais profundas e aspirar à compreensão daqueles a quem, a rigor, servem com seus cargos.

Já há 300 anos o Brasil profundo faz sua anatomia em público diante da imagem. O volume de pessoas e a história precisariam mover mais estudiosos. O tricentenário brasileiro deveria propiciar maiores pesquisas sobre o fenômeno.

Euclides da Cunha afirmou que o movimento de Canudos era o encontro do Brasil do século XIX com o Brasil do século XVII. Talvez fosse. Eu gostaria de provocar, imaginando que Aparecida é o encontro do Brasil do século XVIII com o Brasil do século XXI. Só que o XXI é aquela fé e o XVIII é o iluminismo cético. Quem tiver compreensão que entenda.

As rondas ostensivas da patrulha ideológica

Dizem que o criador da expressão foi Cacá Diegues, em entrevista ao *Estadão*. "Patrulha ideológica" referia-se à perseguição da esquerda a seus filmes. O pensamento patrulheiro ficou vasto e variado. Os militantes das rondas percorrem as ruas da internet e da imprensa. É uma forma de censura. Ela existe entre conservadores e esquerdistas, entre ateus e religiosos, entre apreciadores de *carménère* e de *cabernet sauvignon*.

Quando eu era jovem, alguns patrulheiros diziam que não se podia ler Gilberto Freyre. Era, claro, uma patrulha ideológica. A questão não era dizer que *Casa-grande e senzala* deveria ser vista com ressalvas históricas. A postura era do índex inquisitorial: você não pode ler!

Reafirmarei sempre, em todos os lugares: um texto pode ser conservador e genial, como o de Edmund Burke ou o de Alexis de Tocqueville. Um texto pode ser de esquerda e conter conclusões fundamentais, como Pierre Proudhon ou Karl Marx. Texto bom é o que faz pensar. Não se trata de isenção, mas de reconhecer que a inteligência não assenta morada exclusiva em um setor do espectro político. O pensar abomina gaiolas. Importante: Karl Marx leu Adam Smith e pensou a partir dele. Marx não pode ser visto a não ser em diálogo com a visão do escocês.

Um patrulheiro dogmático é alguém que, em geral, compreende pouco de um tema. A deficiência é compensada pela retórica e pelo ardor do debate. O ataque é uma forma de disfarçar medo.

Pensar é complexo. Necessita esforço constante e direcionamento com foco. A reflexão precisa de dados e de análise. É uma mistura de esforço braçal e intelectual. Querem um exemplo? O simples conceito de capitalismo traz uma imensa quantidade de leituras e pesquisas. O crescimento de uma economia urbana e monetária na Baixa Idade Média europeia, em regiões como nas cidades do Norte da Itália e em Flandres, já demanda uma biblioteca sólida. A ascensão da burguesia, a primeira globalização com as grandes navegações e o comércio mundial dos séculos XVI ao XVIII são temas longos. A consolidação do capitalismo com a Revolução Industrial é algo para um ano intenso de leituras, no mínimo. Então chegamos aos grandes teóricos: Adam Smith, David Ricardo e Thomas Malthus. Por fim, se eu quiser avaliar as distinções entre teóricos como John Keynes e Ludwig von Mises, minha maturidade já encontrou ocupação.

O caminho é árduo. A alternativa mais fácil é lascar à queima-roupa: o capitalismo nunca deu certo! Matou milhões! Leia *O livro negro do capitalismo*! Slogans são cômodos.

Invertamos o vetor. Estudar os socialistas utópicos e suas experiências, como Saint-Simon e Robert Owen, já ocupa meses de leituras. A obra de Marx, mesmo que destaquemos somente *O capital*, é uma tarefa imensa. Etapa seguinte: pensar as experiências históricas da Comuna de Paris (1871), da Revolução Russa (1917), da Revolução Chinesa (1949) e a Cubana (1959). Há que se enfrentar distinções entre socialismo libertário e autoritário, teóricos do século XX (como Rosa Luxemburgo e Gramsci), diferenças dos modelos iugoslavo, albanês, leninista, trotskista, chinês, anarquista... O genocídio provocado pelo Kmer Vermelho no Camboja tem uma biblioteca básica para vencer, quase nada em português. É muita coisa. Melhor disparar com ar douto: o socialismo nunca deu certo! Matou milhões! Vejam *O livro negro do comunismo*! As frases substituem o debate, com a sutileza de uma divisão *panzer* e a profundidade de um pires.

Considerem um exemplo que irritará o patrulheiro zeloso. Um aluno me pergunta: Che Guevara foi um assassino ou um herói? Respondo com calma: os dois. Matou pessoas e participou de lutas armadas na América Latina e África para implantar o socialismo. Para alguns, a luta e a morte dele constituem heroísmo. Para outros, é o oposto. Outros exemplos de heróis com sangue? Churchill, admirável para alguns ingleses e assassino para povos do Oriente. Alexandre é uma estrela imensa no Ocidente, mas um monstro no atual Afeganistão. Solano López, Napoleão Bonaparte, Moisés, Carlos Magno: a lista é quase infinita. Todo líder político e militar tem uma duplicidade óbvia. O presidente Andrew Jackson é considerado o pai da democracia norte-americana em muitos sentidos. Também, provavelmente, um dos maiores genocidas do mundo indígena daquele país. Ele é um herói? Vai depender da sua identidade étnica, caro estudioso, da sua orientação ideológica e do seu empenho na pesquisa.

Eu sei: ao dizer essas coisas retirei a certeza moral que dá à patrulha ideológica a tranquilidade rasa. Tornei o mundo um caleidoscópio instável e introduzi um incômodo relativismo.

Certezas são próprias de pessoas que, tendo lido (ou escrito) um único livro, podem afirmar com segurança que todos os estudos comprovam sua ideia. Nós precisamos de humildade e método. Insultar é fácil e imediato. Odiar é um ópio. Vamos esperar o trio elétrico da patrulha passar e continuemos nossa conversa calma. Pensar dá um trabalho imenso.

Um presidente a mais, um a menos

A eleição norte-americana foi recebida como uma bomba de nêutrons por muitas pessoas. As pesquisas pareciam indicar uma ligeira folga a favor de Hillary Clinton. Abertas as urnas, houve a surpresa na manhã do dia 9 de novembro de 2016. Especialistas sempre dizem que previram tudo, que era esperado etc. Eu devo reconhecer: o resultado foi uma completa surpresa para mim, e, provavelmente, para o próprio Trump. Houve surpresa, mas não estou entre os pessimistas. Por quê?

Escrevi antes das eleições que não havia diferenças abissais entre a candidata democrata e o republicano. Não chego a endossar a tese de Noam Chomsky (a de que existe um partido com duas facções), mas as semelhanças são tão notáveis que intitulei o artigo "Trumpillary".

Ambos jogavam para a torcida: uma dizendo coisas para agrado de todos e o outro detonando tudo. A grosseria de Trump cativou mais o eleitorado do que a retórica teatral de Hillary. Como numa novela, identifico-me mais com um dos atores, mas, por vezes, esqueço-me que o autor é o mesmo para todos. Trump e Hillary não são idênticos, mas pertencem a duas espécies do mesmo gênero. Vamos adensar a reflexão.

William Jefferson Clinton, o marido de Hillary, foi um dos presidentes mais ricos dos EUA. Se eleita, a esposa de Bill teria sido também uma das milionárias a entrar na Casa Branca. Democratas milionários são comuns: os Kennedy, os Roosevelt, os Clinton. Lembremos que Bill Clinton já era rico, mas que ficou ainda mais após a presidência. Num único mês de 2014, o ex-presidente teria recebido quase dois milhões de dólares por seis palestras. Temos aqui um ótimo plano de carreira para o aposentado Obama. Trump, Bush 1, Bush 2 e Hoover mostram que republicanos também amam acumular.

Já houve gente menos dourada em Washington. Truman tinha a fama de não possuir patrimônio expressivo. Um dos quatro presidentes assassinados dos EUA, James Garfield, foi porteiro e carpinteiro antes da presidência. Garfield, tal como o famoso Lincoln, morou numa cabana de lenhador. São exceções antigas: a norma das últimas décadas é de gente mais abastada. Faz parte de uma reflexão do eleitorado dos EUA: se o candidato não conseguiu nem arrumar sua vida, como arrumará a do país? Lembrem-se de que a mentalidade americana média não vê no dinheiro um desvio de caráter.

Donald Trump não parece ser um modelo moral, especialmente no trato com as mulheres. Nisso também não é original. O público jovem lembra dos escândalos de Bill Clinton com Monica Lewinski. Os mais velhos recordarão que Kennedy sofria de uma espécie de priapismo, um estado de sexualidade exuberante. O livro *O lado negro de Camelot*, do jornalista Seymour Hersh, faz uma análise assustadora sobre o carismático presidente católico. Lyndon Johnson, seu sucessor, trazia a rudeza descarada que alguns associam ao seu estado natal, o Texas. Testemunhas falam de frases impublicáveis quando ele, em pleno Salão Oval, beliscava partes pudendas da sua esposa, Lady Bird Johnson. Bem, ao menos era a consorte...

O batista georgiano Jimmy Carter parecia ser exemplarmente recatado. Uma incontinência verbal arranha sua vitrina pudica. Ele afirmou que teria pensado de forma impura (pensado, apenas) em mulheres e teria, assim, de acordo com uma regra bíblica, cometido adultério ("*I've looked on a lot of women with lust. I've committed adultery in my heart many times*"). Essa afirmação, dada à revista *Playboy*, foi, aparentemente, a coisa mais grave que ele fez na vida. Mas Carter não encerrou a presidência com popularidade ou com fama de bom administrador. A crise dos reféns no Irã, a inflação e até um ataque de um coelho assassino ao seu barco de pesca (sim, leitor, você leu corretamente, pesquise sobre o "*rabbit incident*") fizeram com que o mais puro dos presidentes terminasse com a fama de incompetente e fraco. Kennedy fornicava e Carter fantasiava. O luxurioso é um dos mais queridos governantes na memória americana e o casto com imaginação continua mal avaliado.

Volto ao eixo narrativo. O presidente dos EUA tem de dividir quase tudo com um Congresso forte. Trump terá maioria, mas não é um republicano autêntico e conta com a antipatia dos caciques do Capitólio. O posicionamento do Congresso ainda é nebuloso. O Banco Central Americano (o FED) tem muito mais autonomia do que o brasileiro. Parte das decisões financeiras foge à presidência. Apesar da opinião dos críticos, os EUA são um país de liberdade de imprensa real. A economia americana tem vida própria e as instituições são sólidas. Querem exemplos? Obama era popular e carismático, mas lutou muito para aprovar seu modelo de plano de saúde, o Obamacare. A simples promessa de fechar Guantánamo não foi, de fato, cumprida. O chamado "homem mais poderoso do mundo" tem limites notáveis.

Poderia argumentar muito mais. Enfatizo minha posição: Trump tem grande talento cênico com suas caras e bocas. A personagem parece, por vezes, extraída da uma opereta cômica, mas ele não é notavelmente distinto de uma tradição da presidência. É provável, caro leitor, que sua vida siga absolutamente como sempre foi. O fetiche da política é compreensível. O que me deixa impressionado é o imenso grupo que considera que democracia só existe quando vence o candidato do seu agrado.

As areias da ampulheta: atrasados e pontuais

Ao casar com minha avó materna, meu avô comprou um relógio de parede na Casa Masson, em Porto Alegre. Sendo um luterano alemão, o velho Ervin Schlusen deveria imaginar que um bom casamento demandava um controle do tempo muito preciso. Por décadas, o relógio deu badaladas no lar da infância da minha mãe. Hoje, ele funciona no meu escritório. Octogenário, seu mecanismo continua firme lembrando que cada badalada nos fere, e a última será fatal.

O relógio no meu escritório está impávido atrás de mim e, na minha frente, na tela do computador, vejo vídeos de alunos atrasados do Enem. Fico sempre estarrecido. Como alguém que tem um compromisso decisivo na sua biografia pode se atrasar? Sim, ônibus quebram, trânsito engarrafa, chuvas acontecem. Por isso, penso com o mesmo sangue que irrigou a alma do meu avô: por que não sair de casa com muitas horas de antecedência?

Todos os anos, o fenômeno se repete e as cenas povoam a rede. Contradição enorme: desespero lancinante diante do portão fechado, choro, histeria até. Em oposição, antes disso, tranquilidade absoluta na estratégia de chegar até o local. Fica aqui o paradoxo: se foi calmo para sair de casa, se foi tranquilo e lento para gerir o horário, por que a calma não permanece? Por que o desespero bate agora e não antes?

Minha indagação pode ser questionada. Primeiro elemento a considerar: sou obsessivo com horários. Minha ansiedade faz com que eu chegue com antecedência a todos os locais. Sempre fui o primeiro em restaurantes, cinemas, salas de aula e aeroportos. Segundo ponto: faço um recorte da vida a partir da racionalidade, ou seja, da capacidade estratégica de gerir perdas e ganhos e decidir a partir da razão. Penso e falo que somos senhores do nosso destino e que escolhemos como desejamos nos esculpir. Seria isso válido para todos?

Há mais de 30 anos eu dava aula numa escola de ensino médio que facultava aos alunos a chance de escolher se queriam ou não ficar na aula. Havia a chamada, mas o aluno poderia retirar-se antes da minha aula. Alguns, inebriados com a liberdade que não gozavam em outros estabelecimentos, saíam de forma ostensiva e felizes. Levavam a falta e ficavam jogando truco no pátio. Com o passar do tempo, eles acumulavam um número perigoso de faltas. No Brasil, 75% é o patamar mínimo legal de presença. Eu passava por eles e lembrava: "faltam quatro faltas para você ser reprovado". Quase todos respondiam com irritação: "eu sei!". As quatro diminuíam para três e estas chegavam a duas. Por fim, tínhamos o seguinte drama: se perder mais uma aula ficaria reprovado. Claro: o desastre era a crônica de uma morte anunciada. O aluno perdia uma aula e acabava perdendo o ano. Quando ele era informado do resultado, chorava, esmurrava as portas, gritava, insultava a escola e os professores. Estava indignado! Volto ao choro na porta do Enem: por que aquela reação agora, se antes demonstrou uma calma de monge no Himalaia? Por que não houve a junção de causa e efeito? Por que ele parecia dividido entre dois seres: o tranquilo de outrora e o desesperado de agora?

Essa reflexão sempre trai o orgulho dolorido da formiga diante da cigarra. O pontual tem o secreto prazer diante do desespero do atrasado. O desvio confirma que minha abnegação é recompensada. Se eu trabalhei o verão todo, nada mais gostoso do que contemplar o desespero da cigarra folgada no rigor do inverno. Aliás: só existe prazer na ordem se houver o regozijo pela desordem.

Recém-chegado a São Paulo, tive de justificar o voto na primeira eleição. Informei-me do horário do Correio na véspera (era o local da justificativa) e obtive o formulário, preenchido, zelosamente, na noite anterior. Meia hora antes de as portas serem abertas, eu estava lá. Surpresa: havia uma fila gigantesca! Todos que justificavam queriam fazê-lo cedo para terem o dia livre. Esperei muito para chegar a minha vez e, finalmente, cumpri o elevado dever cívico. No fim da tarde do dia de eleição, meu amigo Sergio, notório procrastinador, visitou-me. Como eu, era um gaúcho que se mudara há pouco. Perguntei-lhe onde ele justificara e ele, espantado, me perguntou: "Tem de justificar?". Meu susto foi enorme. Saímos correndo até o mesmo Correio onde eu consumira parte da minha manhã. Faltavam minutos para encerrar o horário. Não havia mais ninguém. Ele obteve lá o formulário, preencheu-o e saímos com rapidez incrível. Eu era o ser estratégico, meu amigo o caos tornado mamífero. Fui tomado de grande raiva. Não parecia justo! Eu gostava do meu amigo, mas uma parte minha desejava que ele não conseguisse justificar, fosse chicoteado em praça pública e torturado com tenazes ardentes. Só assim, minha alma de inquisidor pontual ficaria feliz. Não ocorreu: ele foi premiado e eu, punido.

Fora aquelas questões excepcionais que podem ocorrer uma vez na vida, por que alguém, regularmente, chega atrasado? Programação neurolinguística? Indiferença ao outro? Tempo biológico em atrito com o tempo do relógio? Incapacidade de incorporar valores? Protesto contra o mundo?

O tempo da natureza dominou a humanidade na maioria dos nossos 4 milhões de anos como espécie. Vivemos em torno dos binômios dia e noite, inverno e verão, estação das chuvas e seca. Essa noção estava na base do esforço para constituir calendários.

Sobre o tempo natural que nos cerca e antecede, sobrepusemos a medida e o controle dos mecanismos. O relógio é uma artificialidade que raramente está afinado com o tempo natural/biológico.

Medir o tempo também é um exercício de controle de pessoas. Os monges adaptaram a divisão romana das horas e criaram orações e textos para cada momento. Vésperas, completas, matinas: as horas canônicas serviam para louvar a Deus, dividir o dia em partes e controlar os religiosos presentes no coro. Da mesma forma, o chamado sistema de fábrica do século XVIII foi uma solução para disciplinar o trabalho num espaço e num cronograma. No mosteiro, na fábrica e no mundo dos negócios de hoje, o controle do tempo é a vitória da disciplina e de um determinado modelo de produtividade ou de vocação. Conciliar natureza/corpo/controle: essa é a tríade que embala e atormenta a humanidade.

O crescimento das relações urbanas e de produção fez surgir relógios em praças públicas. Decorativos no campo, tornaram-se fundamentais nas cidades. Primeiro, nasceu o ponteiro de horas. Depois, surgiu o ponteiro dos minutos e, por fim, o dos segundos. Cada nova haste no relógio inaugurava uma nova necessidade de quantificar.

O tempo é, teologicamente, dom de Deus. Assim Santo Agostinho o define e defende que não deveria ser vendido ou alugado. Critica-se a ideia de juros porque seria pagar pelo tempo, uma dádiva gratuita. O tempo da Igreja, como definiu o medievalista Le Goff, foi cedendo lugar ao tempo do mercador. Hoje falamos em hora-aula e hora-técnica. O tempo do mercador é vitorioso em quase todos os lugares. O homem da cidade vai ao campo e experimenta o tempo da natureza mais colado ao tempo teológico. O mundo rural é o paraíso para quem está desobrigado de semear ou ordenhar.

O calvinismo tornou-se a ascese do capitalismo. A vida regrada e produtiva era boa para a salvação da alma e para os negócios. Tempo é dinheiro! Controle de ambos assinala os eleitos. A terra do calvinismo, Genebra, tornou-se também a terra dos relógios precisos. Os trens suíços são um salmo piedoso de louvor ao Senhor do tempo. A nova faceta de Deus também chegou às ilhas do Norte e a "pontualidade britânica" virou clichê.

A perfeita harmonização do tempo relógio com o tempo biológico e o tempo natural é um esforço que demanda muito. Implica uma ação cultural e uma disciplina imensa. O valor horário deve ser inculcado desde a tenra infância. Histórias virtuosas sobre benefícios da pontualidade e castigos exemplares de atrasados são fundamentais no processo.

O clima ajuda, mas não determina. Invernos rigorosos estimulam ordem. Se você não fizer compotas e conservas antes do frio, passará necessidade. Se não tiver uma casa minimamente aquecida e sólida, a neve vai soterrar seu descaso. Os trópicos são mais generosos com o improviso. O mundo temperado é um mundo onde o imperativo categórico é menos clemente com o desleixo.

Pessoas pontuais são mais estratégicas. O que seria estratégia aqui? A capacidade de antecipar um problema. O pontual organiza antes e sai mais cedo. O pontual é mais pessimista: leva em conta que tudo pode dar errado. O atrasado é dotado de incorrigível otimismo: supõe que chegará ao ponto no instante que o ônibus se aproximar e que não existirá trânsito. Isso torna o pontual mais tenso e um pouco mais duro com o mundo. Os atrasados crônicos, por vezes, são mais leves. Não querem ensinar nada a ninguém. O pontual é mais pedagógico. O retardatário canta: "deixa a vida me levar, vida leva eu..."

A pontualidade tem o defeito de toda virtude: ela também é um modo defesa. Tenho mais medo das coisas e imagino que, controlando o tempo, controlo as coisas. Controle é algo que irrita as pessoas ao nosso redor. Tudo o que for bom e belo grita ao mundo: "por que você não me imita? Por que não me segue?" O atrasado, o preguiçoso e o lento não desafiam ninguém. Eles emolduram as virtudes alheias. O homem atrasado é a zona de conforto do homem pontual. O pontual reclama, até exalta sua indignação, mas está feliz por se julgar melhor.

Sociedades pontuais são difíceis para o indivíduo e boas para o grupo. Sociedades mais tolerantes com as variações são boas para o indivíduo e ruins para o grupo. Pense na seguinte questão: quem são as pessoas ideais para compartilhar espaço no trânsito e quem são as melhores pessoas para compartilhar espaço na cama? Raramente os dois grupos terão o mesmo passaporte.

Será que alguém que chega tarde ao Enem levou em conta essas questões? Provavelmente não. Por isso chegaram atrasados. Seria bom que pensassem no custo que o atraso pode ter. Também seria curioso que, de quando em vez, pontuais pensassem no custo do zelo obsessivo pelo horário. Viver está além de ser pontual ou atrasado.

Criar ou agradar ou Como eu quero envelhecer?

O relógio marcava 23h. Muito tarde para o Rio de Janeiro de então. O autor situa a cena em 5 de agosto de 1875. Houve um pequeno jantar de aniversário para o jovem que completava 21 anos. Ao término, um zeloso pai decide elaborar um plano de vida para o filho. Assim começa o conto "Teoria do medalhão", de Machado de Assis.

O estoicismo marca o início da fala. A vida é uma loteria. Os prêmios são raros. Temos de aceitar as "glórias e desdouros" da existência. O futuro está à frente do rapaz. Que profissão lhe recomenda o pai? Ser medalhão...

Há um trajeto e um projeto. Ele deve iniciar agora o esforço. Empenhado, chegará ao patamar de medalhão aos 45 anos. Há medalhões anteriores, mas são gênios raros.

O moço tem potencial. O pai constata que ele repete nos salões as opiniões tomadas das ruas. O filho tem uma mente que absorve mais do que cria: um indício de vocação para ser medalhão.

Ser medalhão não é tão fácil. Há práticas a seguir: ler sobre retórica e jogar dominó, por exemplo. Há que fazer passeios pelas ruas, sempre acompanhado, evitando a solidão, oficina de ideias. Na fala, o jovem deve usar figuras como a hidra de Lerna e as asas de Ícaro, conhecidas de todos (bem, pelo menos na época de Machado). Tudo deve ser para "pensar o pensado", coloca nosso bruxo do Cosme Velho na boca do pai. O objetivo é evitar a originalidade, a ideia que incomode, a fala que fustigue o senso comum.

Importante cuidar da propaganda e divulgar seus jantares. O pai batiza o ato de "benefícios da publicidade". Imperioso convidar alguns repórteres para ocasiões especiais. A imagem pública deve ser controlada.

O jovem pode tentar a carreira política, mas deve centrar discursos em questões secundárias. Acima de tudo, deve evitar a imaginação na fala. O jargão deve ser repetido, desde que pareça sábio: "Antes das leis, reformemos os costumes!", frase de consenso universal e que nada expressa. O filho deve ser um membro da política para não provocar nada na política. Eis a síntese dos conselhos: "Foge a tudo que possa cheirar a reflexão, originalidade".

O exercício de aconselhamento é encerrado uma hora depois. O pai assegura que a conversa daquela noite tem o mesmo valor d'*O príncipe*, de Maquiavel.

O olhar crítico de Machado disseca o procedimento da Corte e seus hábitos. Um homem de respeito, um medalhão, uma pessoa tida por sensata seria, antes de mais nada, alguém capaz de não ofender ou desafiar com algo novo. A fala escandida, o riso preciso, a seriedade nos gestos seriam condições naturais para ser um homem de sucesso, um medalhão.

O texto da "Teoria do medalhão" dialoga com outro conto, "O espelho", no qual a alma humana é apresentada de forma dupla: uma que olha de dentro para fora e outra que olha de fora para dentro. Dos textos emergem as dicotomias entre o homem público e o homem interno e entre a aparência e a essência, temas tradicionais em Filosofia e Teologia.

Evoco os sábios conselhos de Polônio ao seu filho Laertes, no *Hamlet*. Todas as afirmativas do cortesão são boas e também tratam sobre opções pessoais. Polônio parece acreditar na ética humanista, mas não a cumpre. O pai do conto "Teoria do medalhão" não acredita nos valores sociais, mas admite que são indispensáveis ao sucesso pessoal.

As falas dialogam com nosso mundo. Somos a era da curadoria e do aconselhamento, todos mirando na eficácia da ação e na realização pessoal. Vai a uma entrevista? Não se esqueça de se vestir como todos esperam e de não tocar em pontos polêmicos.

Depois que você for contratado por ser absolutamente igual e comum, a empresa procurará palestras e *workshops* sobre originalidade e empreendedorismo. Vai fazer uma redação do Enem? Não adote posições extremas, pois isso pode dar nota baixa.

Depois, no curso superior, você será livre para pensar. Curiosa dicotomia que seleciona pessoas para atividades tendo como condição prévia que elas demonstrem a ação contrária ao que se deseja no exercício da função. São contradições de mundo líquido. Onde inserir o atrito?

Ao tratar da tumultuada comunidade de Corinto, Paulo afirmava que era bom que existissem divisões no grupo, para que se tornassem manifestos os que são comprovados (1 Cor 11,19). A ideia paulina gerou a máxima latina analisada na *Suma teológica*, de Tomás de Aquino: "*Oportet haereses esse*" (é bom que existam hereges). Para o direito, o contraditório é o caminho para a justiça.

Seguir os conselhos da "Teoria do medalhão" embasa uma opção de vida consagrada, bem-sucedida materialmente e aceita como normal. O medalhão envelhece tranquilo. Inovar, romper, quebrar paradigmas e buscar algo que esteja além do senso comum é um esforço que tem um custo alto. O inovador vive sobressaltos e críticas e envelhece também. Resta sempre nossa escolha.

Tudo sobre um pouco ou pouco sobre tudo

Você gostaria de encontrar um médico que soubesse tudo sobre a patela do seu joelho esquerdo, mas que pouco refletisse sobre onde fica o coração? Seria melhor um profissional com informações mais gerais sobre o corpo como um sistema? A resposta lógica, parece-me, seria: "Depende da situação". Estou fazendo exames clínicos gerais ou tratando minha patela esquerda? Por vezes, a visão geral é iluminadora. Com frequência, a especialidade resolve problemas muito tópicos.

Ocorre algo similar no campo profissional da História. Como sucede em muitas áreas, a bibliografia e os arquivos cresceram geometricamente. Ampliar o tema significa perder densidade analítica. Havia uma tradição de olhar amplo geográfico (como o livro de Fernand Braudel sobre o mundo do Mediterrâneo à época de Filipe II) ou de recortes generalizados (como o estudo de Arnold J. Toynbee).

O modelo de história de sucesso para o grande público, porém, foi tomado por estudos da chamada micro-história (Carlo Ginzburg, *O queijo e os vermes*; Nathalie Zemon Davis, *O retorno de Martin Guerre*). Por prudência acadêmica, moda e motivações teóricas, os livros consagravam períodos curtos e, muitas vezes, enfoques biográficos. *São Luís*, do medievalista Le Goff, vendeu bem. Biografias escritas por não historiadores, como os textos de Fernando Morais, alcançam milhões de pessoas. O mercado biográfico continua forte.

Algumas obras de sucesso mostram que há interesse por visões mais amplas. Observar um tempo maior pode indicar uma coisa que agrada muito a maioria das pessoas: uma espécie de organograma amplo da humanidade, de preferência com desvendamento de leis de funcionamento. Sempre que expus para alunos a teoria sobre a ascensão e queda dos impérios (como nos livros de Paul Kennedy ou na obra de John Darwin) senti aumento do foco de atenção dos ouvintes. Formam-se esquemas mentais: "Ah, então é assim? Aumento de fronteiras, multiplicação de inimigos, queda da produtividade e inventividade, substituição de *soft power* e aumento de *hard power*" e... uma luz se acende. Uma quantidade enorme de informações esparsas encontra sua rede de fixação e a luz sistêmica inunda a compreensão. Faz-se a luz no meio da caverna dos acontecimentos sem nexo. Cria-se um enredo.

Há, também, o conforto de obras como as de Jared Diamond (que não é historiador): a resposta a questões amplas. Por que um grupo humano entra em colapso? O que determina o sucesso de uma civilização? Quero enfatizar dois livros que estão na curva ascensional de sucesso: *Sapiens* e *Homo Deus*, ambos de Yuval Harari.

Yuval Noah Harari é um historiador israelense, nascido em 1976. Sua carreira inclui formação em Oxford e docência na Universidade Hebraica de Jerusalém. Seus trabalhos e artigos anteriores já mostravam a ambição cronológica pouco comum.

Harari tem uma inteligência arguta e muito inovadora. Seu olhar é de uma objetividade que eu nunca havia encontrado antes. Comparados com ele, quase todos somos românticos, sonhadores, idealistas e piedosos. Não se trata da objetividade materialista como concepção de história, essa é trivial. É a objetividade de ver tudo sem as névoas da crença ou de valores.

O primeiro livro a encontrar o gosto geral foi *Sapiens: uma breve história da humanidade*. Ali ele analisa a Revolução Cognitiva ocorrida há 70 mil anos. Como o *Homo sapiens* se tornou o único sobrevivente entre os diversos tipos de *Homo*? Para ele, o papel da imaginação domina as sociedades humanas. Assim, diante da nossa discussão sobre leis de mercado, ele afirma que o capitalismo é uma religião, um sistema organizado de crenças que leva as pessoas a lutar por valores que, em si, não existem. Crédito, por exemplo, é uma crença parecida com o raio de Zeus ou a proteção de Jesus. O mesmo valeria para liberalismo, direitos humanos etc.

O texto de Harari é criativo. Por décadas dei aulas sobre a Revolução Neolítica (a domesticação de plantas e animais) como um salto técnico que alavancou a humanidade. Ele, porém, trata a agricultura como um declínio. Sociedade de caçadores e coletores são imensamente mais livres e bem alimentadas. Sociedades agrícolas empobrecem a dieta e fazem surgir o Estado, os impostos e as pirâmides. Marcado por uma visão tecnológica que acredita que prédios monumentais são mais notáveis do que cavernas, reconheço que nunca medi o custo humano das grandes obras arquitetônicas.

O segundo livro de sucesso, *Homo Deus: uma breve história do amanhã*, segue a mesma linha. Há reflexões sobre nossos medos ancestrais como a fome, a peste e a guerra. Há profecias sobre a ampliação do nosso limite biográfico. Lemos uma curiosa análise da simbologia histórica dos gramados à frente das residências. Sempre uma boa fórmula: um caso muito interessante colocado numa perspectiva histórica de centenas de milhares de anos e a busca de um elemento estrutural.

Os dois livros estão destinados ao sucesso. Apresentam a fórmula que encanta o grande público. Haverá muitas críticas acadêmicas, especialmente se o sucesso aumentar. Livros bons fazem pensar. Qual a sua decisão?

Nossas âncoras cronológicas

A proximidade do fim de ano estimula nosso impulso avaliador. O que eu consegui no ano passado? Quais foram os dias especiais? Dependendo da fase vivida, acabamos avaliando toda a nossa biografia.

Você já teria identificado, por exemplo, as cinco datas mais marcantes da sua existência? Nascimento seria a inaugural, com certeza. As outras são mais subjetivas. Casamento será uma referência em diálogo do que ocorreu depois do enlace. O surgimento de filhos pode estar na lista. Formatura? O primeiro imóvel? Quase sempre, por significativas que sejam para mim, as datas obedecerão a critérios pouco originais.

Conheço pessoas que poderiam acrescentar efemérides fora da curva. Meu amigo Manoel Morgado poderia identificar a chegada ao topo do Everest. Ana Mesquita contava-me, emocionada, o dia que cruzou o canal da Mancha a nado. Luiz Marques talvez identificasse o prêmio Jabuti entre os dias notáveis da sua biografia, como Valter Hugo Mãe relembraria o prêmio José Saramago que o consagrou. São seres especiais e sou feliz em conhecê-los. Voltemos ao nosso cotidiano mais linear.

Coisas notáveis podem escapar de uma memória precisa. Talvez você lembre a experiência em si, mas existe registro do dia exato do seu primeiro beijo? Entramos no lago da memória, lançando palafitas de lembranças sobre a água turva dos fatos desalinhados.

Datas marcantes costumam trazer consciência do local e do momento. Sei perfeitamente o ambiente e o momento em que meu amigo José Alves ligou impactado: "Está com a televisão ligada? As torres gêmeas de Nova York estão sob ataque". Era, óbvio, 11 de setembro de 2001. Há memórias terríveis: "Volte para casa, meu filho, seu pai morreu", anunciou, entre lágrimas, minha mãe em 12 de dezembro de 2010, um domingo de manhã. Sei a frase, o instante, o toque do telefone e o tom da voz dela. São dias especiais, trágicos ou alegres, que condicionam tudo o que virá depois. São *turning points*, pontos que marcam uma virada.

A história oficial também elabora seus marcos. Eles revelam muito de quem os escolheu. Vejam a data que assinala o fim da Idade Média e início da Moderna: 1453. Em 29 de maio, as tropas do sultão Maomé II conseguiram romper as defesas quase milenares de Constantinopla. A queda da cidade e a derrubada do último governante do Império Romano do Oriente foram consideradas o alvorecer da era moderna.

A data é uma escolha muito ruim. Quem dormiu em Florença em maio de 1453 e acordou em junho do mesmo ano não sentiu no ar nenhuma diferença. A graça primaveril da Piazza della Signoria era a mesma da véspera. Estávamos no apogeu do Renascimento, em pleno *quattrocento*, e a ideia de Idade Média já sucumbira ao poder dos mecenas Médicis e do humanismo cristão da Toscana.

O Ocidente não derramou muitas lágrimas pelo imperador Constantino XI, mas aumentou seu medo pela ameaça turca no Mediterrâneo Oriental e na península balcânica. Os portugueses já tinham iniciado sua expansão com a conquista de Ceuta, em 1415. A dinastia Ming, na China, estava envolvida em outra expansão em direção ao Ocidente, capitaneada pelo almirante Zheng He. Cuzco, centro do mundo andino, e Tenochtitlán, a brilhante capital asteca, reforçavam sua trajetória de expansão ignorando a sorte dos bizantinos ou de qualquer coisa fora do continente americano.

Se eu desejasse assinalar uma data mais expressiva para o fim da Idade Média, poderia escolher entre várias. A primeira seria a invenção da imprensa, quase contemporânea do ato. Os chineses foram pioneiros, mas a ideia de Johannes Gutenberg mudou o mundo. O ourives alemão imprimiu a Bíblia e, conscientemente ou não, foi o propulsor da revolução científica e de todas as transformações posteriores. Enquanto os bizantinos gritavam desesperados diante dos canhões do sultão, Gutenberg estava em pleno trabalho de impressão.

Preferem outra? O ano de 1492 marca a chegada de Colombo ao Novo Mundo. O comércio no Atlântico seria o eixo da Idade Moderna. O poder da Espanha foi alicerçado no ouro e na prata que o sistema de frotas despejaria em Sevilha pelos três séculos seguintes. A América foi uma revolução na consciência e nos mercados europeus.

Gostariam de nova alternativa que fosse mais expressiva do que a derrubada do imperador ortodoxo? Dia 31 de outubro de 1517 é o início da rebelião luterana. O gesto atacou o cerne da herança medieval: a unidade religiosa do Ocidente. Os protestantes mudaram a história em muitos aspectos. Em 2017, são lembrados os 500 anos das 95 teses do monge agostiniano que enfrentou o poder de Roma e morreu de morte natural, algo bastante escasso entre seus ancestrais rebeldes.

Tal como ocorre na nossa biografia, a escolha de datas mostra muito de quem está elegendo os marcos, as prioridades e os valores. Memórias são orgânicas e continuam sua transformação permanente ao longo de toda a vida. Que venha o próximo ano, com suas novas datas que nos lembrarão que estamos em curso, perfectíveis e inacabados.

Pães e livros

É noite num cárcere úmido. Estamos em Sevilha, final do século XVI. A cena é estranha: o todo-poderoso cardeal inquisidor interroga Jesus. Tenta explicar ao Nazareno a necessidade imperiosa de queimá-lo num auto de fé. Suprema contradição: como um oficial da Igreja Católica, formalmente dependente de e fiel ao fundador, pode estar disposto a matar aquele a quem deveria adorar?

A história do inquisidor e de Jesus foi criada por Dostoievski. É parte da obra *Os irmãos Karamazov*. Trata-se de uma ficção dentro de outra ficção, signo de signo. O segundo irmão, Ivan, explica seu conto ao mais novo. O benjamim é o mais religioso da família e ouve, entre horror e interesse, a fantasia do intelectual ímpio.

Sim, a segunda vinda de Jesus ocorria naquele lugar e naquele tempo. O Redentor decidira por aparecer no sul da Espanha, no apogeu inquisitorial. Ainda que não restassem dúvidas sobre a identidade real da personagem, o inquisidor mandara prendê-lo. No cárcere, agora, procurava explicar sua ação.

O foco da conversa (ou monólogo, já que só o cardeal fala) está no episódio das três tentações de Jesus pelo demônio. O diabo ofereceu ao filho de Maria a chance de matar a fome, de desafiar a Divina Providência atirando-se ao solo de um ponto alto e de possuir o mundo ao custo da idolatria ao príncipe do Inferno. Jesus recusou a tríplice oferta.

Dostoievski ampliou o tema. O cardeal espanhol é um conhecedor da natureza humana. Alega que o Cristo ignora o homem comum. Se Ele tivesse transformado as pedras em pães, por exemplo, todos os degredados filhos de Eva teriam entendido, claramente, que havia um milagre e um prêmio. As massas viriam, famintas, até o Messias. Ao dizer o transcendente "não só de pão vive o homem", Jesus dá uma dimensão superior para a vida. Segundo o cardeal, o Messias formou uma religião para poucos. Ao criar pecados, recompensas, tribunais e privilégios, a Igreja Católica teria elaborado um projeto viável para milhões. O povo quer pão e não elevação mística. Jesus teria apostado alto demais na espécie humana. Os homens são materiais, egoístas, centrados no aqui e agora e pouco inclinados à compaixão ou à metafísica. Jesus seria um idealista. A Igreja real, com sua hierarquia e poder, seria o mundo possível. O Filho ofereceu a liberdade aos homens, mas somos apegados aos nossos grilhões.

Quando um partido político faz um comício, convida um cantor famoso. Durante a festa do Primeiro de Maio, apartamentos são sorteados por centrais sindicais. Quase todos os professores já fizeram provas difíceis para obter o controle de uma turma. Em todos esses casos, a lógica do cardeal é vitoriosa. O visível atrai mais do que o oculto. O bem imediato e material é mais desejável do que uma redenção futura. Jesus clama por essência e coragem. A Igreja assegura aparência e medo: sem pão e circo não haverá público. Nossa filiação remete mais ao príncipe eclesiástico do que ao carpinteiro.

As obras *Crime e castigo* e *Os irmãos Karamazov* mudaram minha vida. Lamento minha ignorância absoluta da língua russa. Li mais de uma tradução. A leitura mais recente foi pela mão de Paulo Bezerra. Foi uma epifania, uma revelação, uma luz que se acendeu e mudou minha maneira de estar no mundo.

Já vivi a experiência do livro transformador com outros textos. Apenas para dar alguns exemplos: Jó, na Bíblia; *A paixão segundo G.H.*, de Clarice Lispector, e, naturalmente, o *Hamlet*, de Shakespeare. Confesso-me pouco original nos exemplos: também senti o impacto com Dante e Cervantes, além de Machado de Assis. Li muitos livros. Porém, apenas duas dúzias deles trouxeram uma luz ao final que, aportando o barco da consciência à página derradeira, percebia-me atônito, feliz, impactado e, algumas vezes, mudo entre lágrimas. As ideias haviam mudado de lugar. Fechado o livro, eu era outro. Tinha sentimentos variados como raiva, amor, emoção. Uma parte minha se rebelava porque o escritor genial me arrancara de um nicho e me jogara ao vazio, ironizando minha percepção rasa da existência. Outra parte pensava que a vida valia a pena por ter chegado consciente ao momento daquele livro em minhas mãos.

Um livro forte provoca sentimentos fortes: vontade retórica de fazer uma genuflexão diante do mistério do universo e da inteligência. Quanto melhor o livro, maior o silêncio ao fim da obra. Em alguns casos, passei muitos dias sem poder ler outra coisa porque ainda não tinha a força intelectual de passar para outro degrau ao ter sido atingido pelo clarão de um autor brilhante. Tombei, a caminho de Damasco, muitas vezes: Leandro, Leandro, por que me lês?

Dentro de mim, habita um objetivo cardeal a lembrar que o pão é fundamental. O prelado é encarado por outra voz: um Jesus mudo que sorri diante da banalidade das coisas concretas e dos meus valores hipócritas. O universo é vasto. A vida é árdua e nem sempre alegre. Algumas pessoas emocionam e outras decepcionam. Um consolo poderoso e permanente: há livros pela jornada. Faça uma *selfie* da sua alma: leia um clássico.

Tinha uma pedra no meio do caminho

Sempre houve livros mais fáceis do que outros. Mesmo dentro de uma mesma coleção, como a Bíblia, é mais fácil explicar a metáfora do salmo "O senhor é meu pastor" do que o prólogo joanino: "No princípio era o Verbo". A leitura de Alexandre Herculano emperra mais do que a de Machado de Assis. Tamanho das frases e vocabulário explicam a diferença. Por vezes, é a erudição do autor; em outras, a complexidade da narrativa.

Guimarães Rosa usa um vocabulário único e reinventa a língua, dificultando a leitura para alguns. James Joyce dificulta para todos. *Finnegans Wake* foi um dos raros textos que abandonei pela metade. Ainda não tenho maturidade para entender a mente do irlandês. Não decifrei essa obra de Joyce e, confesso, tenho um pouco de medo de quem consiga fazê-lo. Joyce parece cumprir aquela velha piada: quando Hegel começou a escrever sua obra, só ele e Deus sabiam o que ele queria dizer; ao final, só ele...

O elenco das peças de Shakespeare é um desafio para o leitor. Há muitos nomes, especialmente nos dramas históricos. Apesar da clareza exemplar de linguagem, Tomás de Aquino assusta pelo volume. Outro exemplo de muro íngreme a escalar? O texto de Lacan apresenta palavras em letra maiúscula que são inteiramente diferentes do que podem parecer: Outro, Mesmo... Você precisa ser íntimo das bisbilhotices dos partidos guelfos/gibelinos/negros/brancos em Florença para atravessar o mata-burro da entrada do latifúndio de Dante Alighieri na *Divina comédia*. A genealogia pouco criativa de Macondo é um dique para o fluxo do leitor de *Cem anos de solidão*: todos os nomes se repetem em todas as gerações. Não sabe se é o ditador Francia ou seu secretário que está falando? Perca-se em meio à sintaxe quase guarani da obra de Roa Bastos: *Eu, o Supremo*.

Tamanho, vocabulário, ideias, erudição, metáforas herméticas: tudo pode ser um obstáculo no enfrentamento de um clássico. Em oposição, um best-seller asfalta nosso caminho e o povoa de árvores e bancos para que o leitor não se canse na jornada. Palavras simples, enredo rápido e cheio de mudanças vibrantes, mistérios que se resolvem ao longo da obra e um doce canto da sereia da facilidade que deseja atrair nossa atenção. O livro comum quer nosso interesse e anela cativar. O clássico diz que esteve bem nos últimos trezentos anos sem você e passará bem os próximos mil após sua morte. O best-seller grita: "preciso do seu ibope!" O clássico sussurra num muxoxo *blasé*: "não tenho a menor necessidade da sua consideração".

Há dúvidas plausíveis na escolha. Por que pegar a estrada menos asfaltada e ser fustigado por um sol inclemente? Por que escolher a dificuldade em detrimento da facilidade? Quem escalaria a íngreme palmeira atrás do coco duro se dispusesse do mesmo coco já perfurado, gelado, com canudinho e servido à mesa? Que patologia move o leitor de obras difíceis? A resposta é complexa.

Se você se inscrever numa academia de musculação, verá que há pesos de poucos gramas. Fazer exercícios com eles pode provocar, em última instância, apenas tédio. O peso leve não oferece resistência. Sem obstáculo, o músculo não cresce. Sem trauma, a fibra não se transforma. Não suamos, não crescemos, não saímos da nossa zona de conforto. O mesmo ocorrerá se você decidir andar na esteira a um quilômetro por hora. O benefício será menor do que um passo mais decidido. Crescimento deriva do desafio.

A dificuldade da grande obra é seu mérito. Meu vocabulário cresce, minha mente se expande, minha musculatura intelectual se fortalece diante do esforço. O custo? Todo o cérebro range ao peso das ideias, como uma carroça sobrecarregada. As rodas afundam no solo, os bois resistem, o arcabouço estala e o avanço é lento. Ao final, as uvas da obra foram esmagadas por nossos pés cansados e do lagar flui um novo vinho complexo e capitoso.

Um best-seller pode ser muito bom. Já li dezenas. São obras bem construídas. Distraem e servem bem para momentos nos quais seria difícil a concentração extrema. Há dias de vinhos complexos e há dias de refrigerantes. Ao final da leitura da obra fácil, você está algumas horas mais próximo da morte. Best-seller tem função de opiáceo: relaxa, induz à tranquilidade, adormece.

A obra clássica é multifacetada. Muda nosso lugar no mundo. Ela desafia nossos limites e revira as ideias. O que você realmente sabia sobre desejo e fome até ler "Um artista da fome", de Kafka? Não há nenhuma palavra nova no conto. A narrativa é linear e até fácil. Mas, as ideias... o final surpreendente. Ir além seria *spoiler*...

A obra clássica bem lida tem de ser digerida. Pessoas com certezas absolutas nunca parecem ter se aprofundado em Dostoievski. Quando alguém me afirma que o mundo anda meio perdido, eu me indago se ele varou noites na *Comédia humana*, de Balzac. Se me dizem que estamos perdendo nossa identidade ocidental, eu suponho que não tenha entendido *Coração das trevas*, de Conrad. Confundindo afetos, gênero e moral? Já leu a *Ilíada*, de Homero, ou *Bom-crioulo*, de Adolfo Caminha? Terá captado as sutilezas entre Davi e Jônatas? A boa leitura impede que você suponha que nossos dias são extraordinariamente novos. Você ousaria saber?

Natal das crianças

Os cristãos primitivos não celebravam a festa do nascimento de Jesus. No Evangelho mais antigo na ordem de escrita, o de Marcos, o Messias já aparece com 30 anos. A grande festa cristã era a Páscoa. O culto ao menino Jesus demoraria muito.

O que explica a ascensão do Natal? A data, bastante aleatória, diz respeito a uma escolha dos romanos. Era uma tentativa de cristianizar a festa de 25 de dezembro, antes ligada ao Sol, a Mitra e a outros cultos. O Natal foi um esforço de subverter a memória pagã.

Sabemos, pelo Evangelho de Lucas, que fazia frio. Logo, Jesus nasceu entre outubro e março. Aprendemos que Belém é um lugar teológico: Jesus deveria nascer lá para cumprir a profecia. Que tenha nascido, de fato, na cidade de Davi, é algo incerto. Santa Helena, a mãe do imperador

Constantino, está por trás de muitas das escolhas dos lugares de culto na Terra Santa. Os locais exatos assinalados hoje, como a estrela de prata de 14 pontas na gruta da Natividade, são um cruzamento de tradições e escolhas aleatórias. Por fim, o ano do nascimento do Messias, definido como 753 da fundação da cidade de Roma, é um erro de cálculo. É possível que Jesus tenha nascido antes de Cristo, ou seja, que o nascimento real tenha ocorrido antes da data oficial estabelecida séculos depois. É um tema muito caro a um historiador: a invenção das tradições.

A festa de Natal teve uma ascensão lenta no calendário litúrgico. Como vimos, era ofuscada pela Páscoa. Importante perceber que inexistia a categoria criança na Idade Média. Outra questão: ninguém comemorava o dia de seu próprio nascimento. Poucos sabiam a data. A criança era considerada um adulto imbecil.

O Natal é processo de humanização de Jesus e de Maria. O presépio foi criado no século XIII, provavelmente por Francisco de Assis. A transformação foi aumentando. Os portais das catedrais ainda ressaltavam o Juízo Final, a terrível passagem de Mateus 25 sobre o fim dos tempos e o julgamento de todos. Porém, dentro das igrejas, uma sorridente Nossa Senhora exibia seu filho, orgulhosa e afetiva. As crianças foram adquirindo uma representação específica. Compare uma *Madona* de Cimabue, uma de Giotto e uma de Rafael. Num prazo de dois séculos, surgiu, de fato, a criança como a identificamos hoje.

O século XIX é o século em que a criança se afirmou. O Impressionismo representou muito a alvorada da vida. *As meninas de azul e rosa*, do Museu de Arte de São Paulo (Masp), mostram Renoir imerso na nova estética. Surgem roupas específicas para os pequenos. O ensinamento de Rousseau, na obra *Emílio*, começa a ser aceito por muita gente: a infância determina o ser humano maduro.

Por fim, o século XX é o início da era de ouro da criança, ao menos da criança de classe média e alta. A festa do Natal assumiu caráter lúdico e comercial. Cresceu a figura do Papai Noel. Presentes tornaram-se obrigatórios. As casas foram decoradas com motivos mais divertidos e menos religiosos. O Natal virou uma festa voltada ao público infantil e celebrada para ele.

Da mesma forma, na Páscoa, o Cristo ressuscitado deu lugar ao coelhinho. Ovos de chocolate predominam sobre o Cordeiro Pascal. O aniversariante continua pobre como nasceu: Jesus nada ganha no fim do ano.

O processo de infantilização das festas não é exclusivo do cristianismo. Crianças de identidade judaica, em Nova York, por exemplo, começaram a ser contempladas com árvores de Hanucá, a festa das luzes. O surgimento de *Hanukkah bushes* mostra a necessidade do lúdico. As crianças dominam nosso imaginário. Como cantávamos nos ônibus em excursões escolares: "Criança feliz, feliz a cantar, alegre a embalar, seu sonho infantil...". Alguém ainda conhece essa melodia?

A infantilização do Natal traz dois aspectos. O primeiro eu já desenvolvi: a valorização crescente da criança e a tentativa de tornar a infância um período de felicidade absoluta. A segunda traz a melancolia de quem cresceu. Geralmente, as crianças amam profundamente o Natal e muitos adultos se sentem tristes nessa época. Talvez sejam os gastos, talvez sejam as memórias dos Natais reais ou recriados pela memória. Uma amiga minha, Flavia, acha a música "Noite feliz" uma das coisas mais depressivas do mundo. Eu acho a melodia plangente; ela ecoa de forma merencória na neve austríaca que a gerou.

No Natal é hora de acertar contas com sua criança interior. Talvez seja esse o desafio da data. O que eu e você perdemos entre aquela festa familiar dos primeiros anos de vida e a de hoje? Que ecos buscamos? Procuro conversar com meus fantasmas para aprender. Lembre-se da lição de Ebenezer Scrooge, do conto de Dickens ("Um conto de Natal"). Fale com seus fantasmas. Convide-os para sua mesa. Dance com alguns: são leves, não pisarão nos seus pés. Encare até Simone cantando "Então é Natal". Aceite que o barroco dourado e *over* do mundo natalino é uma chance de ser cafona sem culpa. Você não é obrigado a ser feliz na noite de Natal, mas entenda que também não é obrigado a ser triste.

"Mudaria o Natal ou mudei eu?" Machado fez essa pergunta num soneto cometido próximo do fim da sua vida. Ele imagina um homem que decide registrar a data cristã do "berço do Nazareno" em versos. De repente, a personagem hesita e perde a inspiração. Diante da folha em branco, registra apenas: "Mudaria o Natal ou mudei eu?".

Machado tem o dom de desconstruir crenças. Os contos "A cartomante" e "Missa do galo" indicam esse esforço de retirar metafísica do mundo. Difícil saber de onde surgia esse sentimento no autor. Amava sua esposa Carolina, mas não teve filhos. Frequentava altas rodas e era mulato de origem humilde, situação que o perturbou algumas vezes. Era um gênio e estava cercado de burocratas repetitivos que fariam o conselheiro Acácio, de Eça, parecer um gênio. Acho que Machado não gostava do Natal. Eu, pelo contrário, adoro.

Festas tradicionais funcionam como marcos de memória. Sendo balizas, indicam nossa caminhada desde a última ocasião. Por vezes, a memória retorna às celebrações da infância e a recordação nos toma de assalto. Misturar uma discreta melancolia com entusiasmo de fim de ano chega a ser de bom-tom.

É clichê dizer que o Natal é a festa da família. Quero ampliar a percepção. A festa dos dias 24 e 25 de dezembro é também da família atemporal. Convidamos pais e mães, avós e parentes. Os mortos todos se convidam para nossa casa. Não há como evitá-los; espíritos entram sempre. São como uma bruma densa que se imiscui sob a soleira de um castelo. O Natal é uma festa da memória de mortos e do contato com os vivos. Todas as casas ficam sempre lotadas, inclusive as casas que encerram apenas uma pessoa imersa no seu mundo.

Os jovens reclamam um pouco dos vivos presentes: há sempre um tio chato, pode existir uma cunhada excêntrica, é quase obrigatória a avó depressiva. Hoje, acho essa fauna (incluindo-me nela) parte da originalidade natalina.

Eu penso nos mortos que marcaram meus natais. Sinto falta deles. À medida que amadureço, dialogo mais com os ausentes, que, naturalmente, crescem a cada década. Nenhum jovem imagina o que eu sempre tenho presente: quem estará na festa do ano que vem? Mas a crônica não se pretende melancólica, nem fúnebre. Volto ao *leitmotiv*: mudaria o Natal ou mudei eu?

Eu tenho certeza absoluta de que mudei muito. Algumas coisas foram muito boas, outras nem tanto. A ideia de estar com a família sempre foi importante, mas a idade a tornou fundamental. Abasteço-me de quem eu sou, de raiz, de afeto, de um Leandro sem a cenografia do mundo. Volto ao espaço que me gerou, onde cresci, no qual aprendi quase tudo. Lá chorei e ri tantas vezes. Mudamos eu e o Natal e, por isso, preciso voltar a encontrá-lo sempre.

Lutei o ano inteiro para controlar a alimentação. O Natal me convida a abrir mão do plano sempre fracassado da forma perfeita. Relaxe, sente-se e coma, insinua a mesa bem-posta. Hoje, você terá um dos maiores prazeres do mundo: compartilhar refeição com quem se ama. Fora Twiggy! Viva Pantagruel!

Pormenor pequeno-burguês: não haverá, na minha família, o presépio tradicional a decorar a árvore. Motivo? Esse autor o espatifou ao guardá-lo, há mais de duas décadas. Eu, historiador, zeloso de memórias e de tradições, formado no trato com patrimônio, eu que recebi a incumbência de preservar essa peça histórica da família que iluminava a ceia dos Karnais desde o século passado. Eu, nefando destruidor, descuidado guardador; quebrei a caixa com o presépio ao guardá-lo. Foi um desequilíbrio, um baque seco, uma dor no coração e um vazio a me lembrar todo ano que devemos aproveitar tudo enquanto temos. Quando fui a Belém, na Terra Santa, procurei nas lojas da cidade algo similar que repusesse meu crime. Nada! Como Caim, vagarei sobre a Terra com o remorso gravado na testa: sou um destruidor de presépios. Ao visitar o extraordinário presépio napolitano do Museu de Arte Sacra de São Paulo, afasto-me ainda mais da obra de arte: afinal, tenho precedentes...

Assim, com iconoclastas e devotos, vamos construindo nossos natais. Conheço pessoas que se isolam totalmente nesta época e afirmam, repetidas vezes, que detestam a data. Evitam contatos e dizem ser uma noite igual a todas. O esforço delas demonstra que não. Essa sanha de negar o Natal cabe bem como uma busca de espaço na adolescência, de afirmação diante do rito familiar. Ser *blasé* é uma defesa diante da força avassaladora do simbolismo. Fica estranho manter esse tom na vida adulta.

Em ordem hierárquica: Natal é festa de fé. Não tem fé? Não se preocupe. Natal também é festa de família. Está longe ou rompido com a sua? Calma! Tem saída. Natal é festa gastronômica. Não gosta de comidas especiais e abundantes? Vamos tentando. Natal é festa musical. Experimente *O Messias*, de Haendel. Desagrada-lhe a música? Saia da sua individualidade e visite um presídio na data, um asilo, um hospital, ajude um morador de rua. Veja dores maiores do que a sua. Nada disso o toca? Vem cá, meu amigo: você tem certeza de que o seu problema é o Natal?

Regras e felicidade

O aviso para colocar a poltrona na vertical ecoa no avião. Zelosos comissários verificam logo em seguida. Muitas pessoas continuam reclinadas. Com simpatia firme, os funcionários indicam a cada passageiro que siga a instrução de segurança. O rosto estampa um sorriso treinado; por dentro, podem estar gritando: "Não ouviu, sua anta surda!". Aeroportos e aviões são uma fonte gigantesca de informações claras e didáticas, usualmente ignoradas pelos usuários. Por quê?

Do ponto de vista pedagógico, o excesso de instruções corresponde ao esvaziamento delas. Provas com muitos detalhes de "faça" e "não faça", como todo professor percebe, costumam perder foco. E-mails de empresa longos, com dezenas de regras, são um convite à não leitura. Nossa Constituição Federal é imensamente maior do que a norte-americana e muito mais exata. Nosso cumprimento da lei é, em média, mais baixo. Nossos artigos da Carta Magna chegam a detalhes inimagináveis para a tradição jurídica do irmão do Norte. Aumenta a precisão? Há controvérsias. A Suprema Corte dos EUA parece menos açodada de processos do que o nosso Supremo Tribunal Federal. Há muitos outros motivos que colaboram para isso. Porém, creio em um axioma: multiplicar texto esvazia a ordem pretendida.

Regras são indispensáveis ao convívio social. Moro num planeta de 7 bilhões de pessoas, num país de mais de 200 milhões de brasileiros, numa cidade (São Paulo) com 12 milhões de corpos compartilhando o mesmo espaço municipal. Se cada um fizer o que deseja, por sedutora que seja a ideia, haverá dificuldades. Em qual medida a norma facilita e em qual momento ela é um ato autoritário e tolo de uniformização? A resposta é sempre complexa.

Existe um primeiro problema da norma que é o consenso. Devemos achar utilidade na regra. Itens desacreditados são um convite à infração. O humano sempre tende ao mais prático. Vejam a grama. O caminho dos passantes será o mais curto, mesmo que pisoteie solo interditado. Com o tempo, será formada uma nova trilha sobre uma área outrora interditada. A água corre para o ponto mais baixo e nós, humanos, caminhamos pelo trajeto mais curto, ainda que ilegal. A coerção cede espaço ao consenso. A mente coletiva é prática. "Vossa mercê" virou "você" e deste surgiu o "vc" da internet. A mesma lógica faz surgir o caminho ilícito no gramado. Expulsem a natureza pela porta, afirmavam os romanos, e ela voltará correndo pela janela.

Quase ninguém acredita que o celular derrube aviões. Muitos de nós soltam o cinto de segurança logo após a voz da comissária ter afirmado que deveríamos permanecer com ele afivelado. Ficamos de pé para pegar nossos pertences de mão antes de o aviso de atar cintos ser desligado. Seria nossa pequena rebeldia, o anarquismo aéreo, o espaço de o indivíduo ser ele mesmo, contrariar ordens e dar seu gritinho do Ipiranga na colina solitária do seu assento? Vingança contra um lugar apertado ou um lanche pífio?

As normas podem ter destino distinto. Quando eu era criança, desconhecíamos o uso do cinto de segurança nos carros. Meu irmão menor nunca sentou numa cadeirinha no banco de trás. A vitória das normas foi lenta, mas vingou. Coerção (multa) e consenso (educação) colaboraram. As coisas mudam. Quando eu vejo os motoristas de Brasília pararem de forma automática quando o pedestre entra na faixa de segurança, entendo que ali houve uma campanha e uma punição na base do processo.

O rio de Heráclito flui sem cessar. Não somos excluídos do tempo e das metamorfoses. Nada foi sempre do mesmo jeito e tudo pode ser diverso. Os otimistas acreditam, com frequência, no papel formativo, o já denominado consenso. Pessimistas enfatizam a coerção. Advogo ambas. Quanto menor o grupo, mais fácil o consenso. Quanto maior e complexo, mais necessária a coerção. Muita educação de trânsito, na escola, na televisão e em casa. Multas para infratores. Trânsito mata e, na escala de valores, multas são remédio leve para doença grave.

Confiança e transparência são essenciais com todos, em especial alunos, filhos e subordinados. Que meu grupo sinta a presunção da inocência como base. Quebrada a confiança, coerção surge de forma clara. Regras claras, de preferência debatidas de forma democrática. Depois, avaliação sobre a eficácia e sentido das regras. Mudanças, quando as normas ficarem obsoletas. O objetivo não é a lei, mas a harmonia social e a justiça como caminhos e a felicidade geral como fim. A lei não se esgota na lei, mas mira na possibilidade de existência equilibrada de todos. Fixação no caráter sacro da lei caracteriza o farisaísmo: o que está escrito fica mais importante do que o que se pretende com aquilo que está escrito.

Por fim: não tratar as pessoas como imbecis que precisem ser monitoradas sempre; não torná-las príncipes mimados que devam ser desculpados pela eternidade. Esse parece ser um bom caminho para refletir sobre a família, a escola, as empresas e a sociedade em geral. A observância do equilíbrio entre coerção e consenso não garante o paraíso, mas, certamente, colabora para evitar o inferno.

Dias de Quixote e dias de Sancho ou Homenagem ao professor Morejón

O ano de 2016 celebrou o quarto centenário da morte de Shakespeare e de Cervantes. Os dois escritores faleceram em 1616, quase ao mesmo tempo. Minha relação com Shakespeare é antiga, sólida, transformadora do meu mundo, como muitas pessoas sabem. Quero falar de outro amor, o cervantino.

Como em tantas coisas, entrei no mundo de La Mancha pelas mãos de Monteiro Lobato. Ele traduziu para a linguagem infantil o clássico espanhol. Adorei a leitura. Depois, descobri o texto pelas mãos de dois portugueses, os viscondes de Castilho e Azevedo. Era um texto erudito, com muitas palavras a descobrir. Enfrentei bem, mas ainda não era a hora para a paixão. Já era um homem adulto quando descobri novas traduções, como as de Eugênio Amado e de Sérgio Molina. Por fim, aproveitando o lançamento de edições críticas do quarto centenário, li em espanhol, em 2005. E, ao longo de todos esses anos, sempre fui apaixonado pelas imagens de Gustave Doré, que eu já estimava na *Divina comédia*, na Bíblia e no *Paraíso perdido*.

Um capítulo do escritor Erich Auerbach, no clássico *Mimesis*, tratou da obra do espanhol e aumentou minha ligação com a literatura de Cervantes. "A Dulcineia encantada" analisa a representação do real na obra. Um privilégio ler alguém muito mais inteligente do que nós: o olho de Auerbach viu coisas que me escaparam inteiramente.

Na década de 1990, conheci o professor Júlio Garcia Morejón, intelectual devotado ao mundo da literatura do Século de Ouro e dono de uma bela biblioteca cervantina. Dr. Morejón ajudou-me com meu claudicante espanhol e mostrou-me edições preciosas do Quixote. Dei um salto exponencial no meu conhecimento. Desde então, dialogo com o bardo inglês e com o espanhol. Cito-os, penso sobre eles, encontro soluções intelectuais e pessoais a partir de suas obras. Agradeço a generosidade do professor.

Há alguns anos, fui agraciado com um prêmio da instituição dirigida pelo mesmo professor Morejón, o Unibero. Para receber o honroso galardão, fiz um discurso aproximando Shakespeare e Cervantes. Imaginei, com liberdade poética, um encontro entre ambos e um diálogo sobre o ato de criar. Disse várias vezes ao público: é uma licença ficcional, eles nunca se encontraram.

Terminada a fala, fui interpelado por um especialista iracundo. Ele estava transtornado. Questionava meu equívoco: "O senhor sabe que Cervantes nunca encontrou Shakespeare?" Sim, eu sabia, e por isso tinha repetido que se tratava de um exercício aproximativo, comparativo. Era uma liberdade literária, não um fato histórico. Desolado com minha estupidez, o especialista continuou vociferando. Eu me afastei pensando: como é possível estudar tanto Cervantes e continuar pensando como uma planilha Excel?

Penso na conversa até hoje. Decadente, o nobre D. Quixote dava asas a sua imaginação e enfrentava gigantes. Cheio de bondade e de ética, encarnava valores de cavalaria já crepusculares há muito. Era a vitória do ideal sobre o real. Seu auxiliar, Sancho, era o triunfo do imediato, do concreto, do aqui e agora. Quixote lia demais, Sancho nunca lia. O cavaleiro via além de tudo, o escudeiro não conseguia abstrair nada fora do imediato que seus olhos contemplavam. O fidalgo era magro, aéreo, onírico; Sancho gordo, terreal, interesseiro.

Pais e professores costumam pedir que o real se manifeste em seus rebentos e alunos. "Seja concreto, tenha metas precisas, pare de pensar o impossível." A idade costuma nos tornar espessos. Como o escudeiro, desejamos que eles governem uma ilha ou uma empresa ou uma instituição. O sonho alheio vai ficando incômodo à medida que temos consciência do que nos custou abandonar o nosso.

O atarracado auxiliar é o homem dos ditados de senso comum: "À noite, todos os gatos são pardos", repete à exaustão. Sancho aparenta mais sensatez do que seu amo, mas sua sanidade é baseada na ambição rasteira. O auxiliar deseja coisas objetivas do mundo, exequíveis e ortodoxas.

Quixote lê e sonha, busca mais e, claro, apanha e é ridicularizado. O fidalgo esquálido é insano e pode transformar pelo olhar tudo ao seu redor. Nosso Cavaleiro da Triste Figura mostra fulgores racionais em meio aos devaneios. A loucura de Hamlet de Shakespeare é artificial e política. A demência de Orlando (de *Orlando furioso*) é real. A alienação quixotesca é poética e imaginativa.

Propor utopias para combater a enfermidade do real. Ver gigantes em moinhos arruinados. Amar uma Dulcineia belíssima e especial. Combater o mal, defender os fracos, ler muito, sonhar... Eis parte da fórmula quixotesca. Espero não morrer afogado na lucidez rasa de Sancho. Quero um pouco da insanidade sábia do fidalgo. Ser Sancho engorda; ser Quixote transcende. Querem saber no que resultou a objetividade material e concreta de Sancho Pança? Tornou-se político no fim da vida.

Livres ou marionetes?

Janus era o deus com dupla face no mundo antigo. Contemplava direções opostas. Ele batiza o monte Janículo, em Roma, onde está enterrada Anita Garibaldi (a heroína de dois mundos no monte do deus de duas faces). Janus também orienta o nome do mês de janeiro. É o deus de começo e fim, de passado e futuro, dos momentos de transição.

Janeiro é bifronte. Estão frescas as memórias de Ano-Novo. Desejamos um ser novo daqui para frente. Perderemos peso, aprenderemos línguas, guardaremos dinheiro, visitaremos mais os amigos. Então, chega a festa de Reis, 6 de janeiro, limite do ímpeto transformador. O rio da transformação desacelera e chega ao calmo fluxo da planície cotidiana. Como diz meu querido Hamlet no seu monólogo, a consciência nos torna covardes e o ânimo mais resoluto se afoga na sombra do pensar. Decidimos pela ação e o cotidiano a dilui. O soluto da vontade se entrega ao solvente dos dias intermináveis e do cotidiano desgastante.

O ano será bom ou ruim? Entramos no campo cediço do acaso. A Fortuna romana era a deusa do acaso. Os gregos a chamavam Tique. Nossas vidas serão regidas pelo aleatório. Às vezes parece que sim. O Romeu de Shakespeare brada ao espaço ser um joguete do destino. A grande Bárbara Heliodora prefere traduzir "*I am fortune's fool*" por "eu sou palhaço dos fados".

Sou historiador. Gosto de exemplos concretos. Jean-Baptiste Lully era o italiano que Luís XIV adotou como o grande compositor da corte francesa de Versalhes. Brilhou musicando bailados para o Rei Sol. Ele estava no auge da fama e do dinheiro. Por determinação do monarca, controlava toda a produção musical francesa. Em 8 de janeiro, ele regia um *Te Deum*, um hino de ação de graças pela saúde do Rei que se recuperava de uma doença. Batendo com um grande bastão no chão para marcar o compasso, Lully se distraiu e alvejou o próprio pé. A pequena ferida infeccionou numa era pré-antibiótico. Ele determinou que o pé não poderia ser amputado. Morreu dois meses depois, em 22 de março de 1687. Foi vítima de si mesmo e do acaso.

Lully não foi a primeira morte estranha, fruto de um acaso cruel. O autor teatral Ésquilo era aclamado como o maior de toda Grécia clássica. Suas peças, como *Prometeu acorrentado* e *Os persas*, são encenadas até hoje. Era um talento reconhecido e premiado. Ésquilo ostentava luzidia careca. Escrevia ao ar livre para se inspirar. Uma águia segurava nas garras uma tartaruga e, seguindo velha tradição, jogava o réptil numa pedra para espatifar o casco. Viu a brilhante cabeça do tragediógrafo e arremeteu o petardo, confundindo-o com uma rocha. Ésquilo morreu de uma "tartarugada" na cabeça. O leitor pode supor como essa história me assusta.

Dos gregos à corte de Luís XIV e dali a um avião que conduzia o time de Chapecó: por todo o lado, a tragédia parece combinar o acaso com a incompetência. Jovens que teriam uma vida toda de glórias pela frente encontram seu fim no cruzamento entre a imperícia e a ganância. Como pensar algo original sobre esse absurdo?

Janus olha para frente e para trás. O acaso nos ronda e desafia a racionalidade. Maquiavel falava do cruzamento entre *virtù* e *fortuna*. A primeira seria a soma das suas habilidades pessoais, seus dons e talentos, que podem ser melhorados. *Fortuna* seria o acaso, aquilo que não se controla. O príncipe de sucesso seria o que combinasse as duas coisas: saberia usar a fortuna e suas habilidades. Por um lado, todos os fatalistas amam a fortuna. Quem usa *maktub*, a expressão árabe para "estava escrito" (próxima da latina *fatum*), pensa imediatamente no quanto somos marionetes de forças super/supranaturais. Por outro lado, todos os adeptos do empreendedorismo falam do poder das escolhas feitas. Sou esculpido por mim ou pela sorte? Sou um cruzamento dessas forças? Qual o grau de autonomia que terei ao longo do ano?

É sempre muito alentador imaginar que exista algo superior a mim que me determine. Esse é o conforto dos fados. O que fez com que Edgar Allan Poe, um dos maiores poetas norte-americanos, fosse brilhante e dependente do álcool? O que fez de Ernest Hemingway um escritor intenso e atormentado que iria até o suicídio? Como a Guerra Civil Espanhola interrompeu a carreira de um artista total como Federico García Lorca? Por que um duelo cortou a carreira precoce de um dos grandes inovadores da matemática: Évariste Galois? Era um gênio. Morreu com 21 anos incompletos. São as formas pelas quais as cartas saem do baralho da vida, dirão alguns. Trata-se de escolhas racionais e autônomas, garantem outros.

Jean-Paul Sartre enfatizava muito que nossa experiência antecede nossa essência, que somos e fazemos as coisas a partir da nossa liberdade, que eu sou fruto da liberdade inelutável e angustiante do existir. Há, aqui, uma crença forte da autonomia do humano e da sua vontade.

Meu orgulho impede que eu me entregue ao fatalismo absoluto. Meu senso de equilíbrio sabe que não sou um deus criando mundos. De fato, creio que somos uma linha curva entre o acaso e a força de vontade, entre a *fortuna* e a *virtù*. Seu ano será essa curva graciosa e ousada. Você tomará decisões racionais e interessantes. O mundo fará sua oposição usual. O que resultará disso? Difícil saber. A resposta é parte da aventura da nossa biografia.

John Lennon escreveu para seu filho, em "Beautiful Boy", que a vida é o que acontece enquanto você está ocupado fazendo outros planos.

O real da realeza

Uma página nova de um caderno escolar apresenta letra mais cuidadosa do que as finais. O início da viagem é tomado de expectativas risonhas, ao passo que seu fim traz o cansaço da volta entremeado das memórias do percurso. O novo é verde, viçoso e tem o frescor da aurora. O velho é sépia.

Gosto de filmes e séries históricas que mostrem anos iniciais de um governo, de personagens em construção. Como eram as pessoas que depois acumularam muita experiência? É o caso da primeira temporada da série televisiva *The Crown*, do mesmo Peter Morgan que havia elaborado o roteiro de *A rainha*, de Stephen Frears (2006).

The Crown mostra Elizabeth II no aprendizado para sua longa carreira de rainha. Claire Foy faz o papel da jovem soberana, a primeira a não ser sagrada imperatriz desde sua trisavó Vitória, já que a Índia tinha se tornado independente em 1947. Quem olha hoje a chefe de Estado nonagenária tem a tendência a se esquecer de que ela é soberana desde antes do seu 26º aniversário. Porém, ela veio ao mundo sem ser herdeira direta do trono e passou a infância longe do peso da coroa. Elizabeth teve de aprender.

Margeando o conhecimento histórico, séries e filmes apresentam certo compromisso com o real. Precisam colocar as pessoas com seus nomes corretos, as datas e demais referências para que todos reconheçam verossimilhança com os fatos. As molduras são preenchidas com imaginação. Dormiria o austero príncipe Philip, duque de Edimburgo, completamente sem roupas? Duas vezes a série expõe as nádegas do real consorte ao espectador. Filmar o passado implica liberdade criativa. O público vê e confia no que observa, porque identifica as personagens históricas que parecem corretas. O caixilho é o Real da realeza. A audiência cresce porque a tela é fantasiosa, aproximando as personagens do nosso mundo (ou, ao menos, do mundo folhetinesco). A história dá o ar de legitimidade, o enredo fornece o sabor que procuramos. Há mistura do didático e do lúdico, cada um preenchendo as lacunas do outro.

Como seriam as reuniões entre o irônico Churchill com a jovem e insegura Elizabeth? Um conservador respeita muito a coroa, mas o velho primeiro-ministro conseguiria controlar ao menos uma frase venenosa de soslaio? A Elizabeth II verdadeira não deixou uma análise pormenorizada, mas chorou no enterro de Churchill, em 1965. Havia afeto entre eles.

A família real emerge cheia de humanidade e contradições. A rainha-mãe entra numa crise depressiva após a morte do marido. Tornara-se uma viúva com menos de 52 anos. As filhas cresceram e deixaram de precisar dela. Tem, então, de deixar o palácio de Buckingham, como manda a tradição. Viveu ainda meio século e teve de se adaptar a novas realidades. Morreu centenária. Teria tido, de fato, tais crises? Teria Elizabeth II cobrado da mãe a educação deficitária que recebera? *The Crown* afirma que sim. Tudo faz parte de um exercício do plausível e da busca do diálogo com o público atual. O castelo de Mey foi, de fato, adquirido pela rainha-mãe no norte de sua Escócia natal. Era seu refúgio e mostrava uma vontade de isolamento. As cenas com o proprietário antigo são buscas de substância televisiva.

Mas o centro da obra é a própria rainha Elizabeth II: seus flashes durante a Segunda Guerra, suas memórias do tio abdicando quando contava 10 anos de idade (ato que acabaria conduzindo-a ao trono). O centro da trama é o choque do senso de dever e suas angústias pessoais, seu atrito com a irmã em função do amor ilícito de Margaret com Peter Townsend, sua relação com a figura hierática de Mary de Teck, sua avó. O choque é entre Elizabeth de Windsor com Elizabeth II, entre a mulher e a personagem. Na prática, é o desafio de todo monarca. José Murilo de Carvalho começa a biografia de D. Pedro II comentando o atrito entre o imperador e Pedro de Alcântara, homem alto, tímido e de voz fina, que queria ser professor, apenas. Objetivamente, é a colisão que todos enfrentamos nos nossos múltiplos papéis.

Mas há uma coisa na série que provoca ligeira melancolia. Alguns dos discursos feitos por Churchill, especialmente a fala após a morte de George VI e a ascensão da nova rainha, citam trechos da época, reproduzidos na tela. O gabinete escuta ansioso, na esperança de ver fraquejar o velho leão. Há uma pausa retórica que parece confirmar que ele está senil. Depois, segue-se uma das páginas mais memoráveis da retórica do século XX. O discurso pode ser escutado na internet, na voz idosa, mas firme, de Churchill. Na série, o encadeamento das cenas é muito bom, coroado com a performance teatral da velha rainha Mary se curvando diante da neta e reconhecendo, em seu luto profundo, que um novo poder surgia na frágil Elizabeth. O trono é mais poderoso do que seus ocupantes. Mary se inclina enfaticamente e demonstra que não existe mais Elizabeth de Windsor, mas apenas a rainha Elizabeth II.

Essa é parte da magia das monarquias: a liturgia do cargo antecede e se amplia sobre as pessoas. No campo simbólico, as repúblicas sempre falharam miseravelmente diante da força histórica e sagrada do trono. A célebre música de Haendel usada em coroações, "Zadoque, o Sacerdote", com sua grandiosidade épica, seria inconcebível numa posse em Brasília.

Mas eu falei de ligeira melancolia. Sim, porque ouvir Churchill discursando me remete aos discursos atuais sob o trópico da crise. Temos homens preparados e já houve até pessoas cultas na presidência. Mas a falência da nossa retórica é brutal. Os políticos falam mal, pronunciam de forma péssima e, quase sempre, expressam ideias pouco elaboradas. Insultam-se, matando o decoro, a inteligência e a esperança num Brasil melhor. Por que melancolia? Porque um dia os discursos estiveram inscritos nas páginas da literatura mundial; hoje, amiúde, constam em autos judiciais de acusações recíprocas de rapinagem. Moldura e tela ficaram de qualidade duvidosa.

Volto à ilha do Norte. Talvez a magia não seja a rainha em si ou sua opacidade, mas como é absorvida pelo glorioso sol de Windsor que ofusca seu despreparo. Na nossa República, a mediocridade é exaltada e a ribalta política traz à tona o caráter tosco e raso dos nossos líderes. Não sou um monarquista, mas confesso que ser republicano está cada dia mais árduo... *God save the Queen!* Que Marianne, símbolo da República, tenha uma ou duas aulas de etiqueta e de dignidade.

Paris é uma festa

Apesar de ter estado aqui muitas vezes, Paris é sempre uma descoberta. O impacto inicial, do qual me recordo perfeitamente, foi há quase 30 anos. A primeira vez em Paris é uma inauguração estética.

Houve um processo histórico na construção da imagem da capital francesa. Luís XIV mandava colocar aristocráticos cisnes no Sena. Eles morriam com certa facilidade nas águas poluídas da capital. Napoleão I produziu muitas obras impressionantes. Não inaugurou a maior de todas: o Arco do Triunfo, mas seus restos passaram sob ele. Seu sobrinho, Napoleão III, fez o maior investimento urbanístico. Paris foi remodelada sob o comando do barão de Haussmann. Com arrojo e autoritarismo, novas avenidas rasgaram a velha cidade, levando para a periferia as camadas populares. Pobres atrapalhavam o cenário desejado. Surgiu a cidade-luz.

Após o Segundo Império, a Terceira República fez as exposições universais impactantes em

1889 e 1900. Resta a memória material delas: a Torre Eiffel, a obra temporária mais permanente do mundo. Estrangeiros deram sua cota na teatralidade da capital francesa: o czar Nicolau II da Rússia lançou a pedra fundamental da ponte que leva o nome de seu pai: Alexandre III. No século XX, o último remodelador expressivo foi o socialista Mitterrand e, entre suas obras, vemos o Arco de La Défense e o Museu d'Orsay. O presidente mereceu o título de Mitterramsés, referência ao faraó construtor. Paris é como a Roma que Freud analisou: camadas e mais camadas de história, de memória e de sonhos de glórias sobrepostas.

As guerras são imensamente destrutivas para a memória urbana. Paris sofreu durante a Comuna de 1871: o Palácio das Tulherias e o Hôtel de Ville foram incendiados. A coluna da praça Vendôme foi derrubada. Mas, comparativamente com outras grandes capitais europeias, Paris foi menos transformada pelo furor bélico. Compare-se a memória urbana da Segunda Guerra: Berlim foi arrasada e invadida; Londres foi bombardeada e não foi invadida; Paris foi ocupada, mas não foi destruída.

A cidade seduziu muita gente. Um homem medíocre como Hitler fez uma visita relâmpago após a igualmente rápida derrota francesa. Fez o clássico roteiro turístico básico e registrou foto em frente à Torre Eiffel. Admirador da arquitetura eclética do século XIX, Hitler descreveu o prédio da Ópera Garnier a seus guias. Foi embora logo em seguida. Mesmo um genocida como o chefe nazista deu sua contribuição ao turismo atual ao ordenar que o corpo do filho de Napoleão Bonaparte fosse trazido de Viena para junto do túmulo do pai. Hoje, sob a cúpula imponente e dourada dos Inválidos, vemos a tumba de Napoleão II. O coração do "rei de Roma" (como era chamado ao nascer) permanece ao lado dos restos mortais da mãe, em solo austríaco.

Ao final da Segunda Guerra, Hitler tentou dinamitar Paris quando perdeu o controle sobre a França. Seu general, Dietrich von Choltitz, não levou adiante a ordem. Como a personagem Blanche Dubois (de *Um bonde chamado desejo*), Paris sempre dependeu da caridade de estranhos.

Do velho nome de Lutécia para o atual, a cidade é uma marca bem trabalhada, um símbolo produzido para ser associado ao amor, à sofisticação e à gastronomia do *bon vivant*. O preço da fama? Paris convive com um problema de toda cidade icônica: a horda de turistas. Nós trazemos dinheiro e problemas. Somos chatos, sempre perdidos, atrapalhando o fluxo com fotos intermináveis. Somos a base da hotelaria gaulesa, maioria nas filas, e, pior de tudo, estimuladores dos preços altos. Também somos o ímã das legiões de trapaceiros e punguistas, atraídos pela nossa distração. Lotamos bistrôs de cardápios poliglotas, estamos no Louvre antes de ele abrir. Quem já domina mais a língua de Molière ou já foi várias vezes à terra de Asterix torce o nariz para os turistas de primeira viagem. Insuportável tolerar aquilo que já fomos.

O turista de primeira viagem é um ser amado e odiado. O francês médio bufa ainda mais diante do viajante clássico. Bufar é tão idiossincrático aqui como a frase com a qual o atendente parisiense nos enxota: "*Je suis désolé*". Não existe nada mais retórico do que *désolé*. O vendedor enuncia este som, mas nada nele parece trazer o sentimento real de tristeza ou desolação.

A cidade do amor é uma cidade de pessoas sozinhas. Paris é uma das maiores concentrações de idosos isolados em apartamentos. Meu ex-professor da USP, Gérard Lébrun, morreu como milhares de seus conterrâneos: solitário, num apartamento (em dezembro de 1999). Notou-se sua ausência porque faltou a uma banca. Os idosos já aposentados são descobertos pelo cheiro.

No insuportável verão de 2003, é possível que mais de 15 mil habitantes da França tenham morrido desidratados ou por problemas relacionados ao calor. Desse número assombroso, 81% tinham mais de 75 anos. Sempre me lembro do filme *Amor* (Michael Haneke, 2012). O fenômeno foi europeu e não apenas francês.

A temperatura baixa ajuda na composição da personagem elegante. Lembro sempre do texto do jovem Ernest Hemingway, *Paris é uma festa*. Memória dos seus 20 e poucos anos na capital francesa, cercado pela "geração perdida" em saraus inesquecíveis: Gertrude Stein, James Joyce, Ezra Pound, F. Scott Fitzgerald. A companheira de Stein, Alice Toklas, fez um livro de receitas descrevendo a comida que serviam ao povo famoso que comparecia às noitadas (*O livro de cozinha de Alice B. Toklas*). Lendo e executando algumas para jantares em São Paulo, tive a sensação que Woody Allen descreveu no filme *Meia-noite em Paris* (2011): o passado parece sempre mais brilhante do que o presente.

Paris pode ser uma festa, mas demanda dinheiro para financiar a alegria. George Orwell não o tinha. O autor de *1984* fez uma reflexão dura sobre a cidade no texto *Na pior em Paris e Londres*. Paris é uma festa, mas o convite é caro.

As conversas privadas

Um deposto presidente da Câmara dos Deputados colocava a mão na boca ao falar com alguém. Era uma maneira de evitar leitura labial. As conversas privadas devem ser blindadas pelo sussurro ou barreira física. Não sabemos o que falava, mas, pelo andar da carruagem, não seriam salmos de louvor ao Criador. Todo diálogo reservado aguça nossa curiosidade.

Há notáveis conversas privadas em história. Lembrarei algumas. A primeira marca o encontro entre dois líderes da unificação italiana. De um lado, Giuseppe Garibaldi, herói de dois mundos, guerreiro de camisa vermelha que entrara como um furacão no Sul da Itália e, vencendo batalha após batalha, assustava o reacionário papa Pio IX. Seus ideais eram mais republicanos do que monárquicos. Do Norte, vinha a figura majestática da casa de Savoia, patrocinadora do movimento. Vítor Emanuel II é a coroa piemontesa aspirando a ser monarca de toda península. São modelos conflitantes de unidade e do que viria a ser o reino da Itália. O rei falou com Garibaldi em Teano, região da Campânia. Há imagens do episódio, como a pintura de Pietro Aldi no Palácio de Siena ou o óleo de Sebastiano de Albertis (com Garibaldi sendo representado bem mais entusiasmado). O prestígio do líder dos camisas vermelhas é enorme. Os dois falam entre si. Garibaldi entrega a liderança ao rei e adere à política de unificação da casa de Savoia. Para o herói, o encontro de 26 de outubro de 1860 é um divisor de águas: o abandono do ideal de Giuseppe Mazzini, o romântico revolucionário que sonhara com uma Itália diferente daquela que se estava unificando sob o comando do rei. O que discutiram? Do que trataram? Nada sabemos. A literatura e o cinema podem alçar voo. Nenhum documento dará voz ao contraditório. A falta de registro histórico funciona como a mão que protege o sussurro ao celular.

Desçamos um pouco abaixo da linha do Equador. San Martín é o militar libertador do Prata e do Chile, protetor do Peru e herói da travessia dos Andes. O general tem uma conversa reservada com Simon Bolívar. Ambos estão no auge da fama. Estamos em 26 de julho de 1822. O Brasil ainda está ligado a Portugal e o resto da América Ibérica vive uma insegurança em relação à independência. Bolívar era o herói libertador do Norte. O outro, o gênio militar do Sul. Ambos carismáticos e aclamados por muitos. Conversam bastante. O local da conversa é Guayaquil, no atual Equador. Os projetos políticos dos dois militares são muito distintos. As personalidades são quase perfeitamente opostas. Os dois conversam a portas fechadas, apesar dos quadros mostrarem um encontro a céu aberto. Do que trataram? Quais foram os argumentos? Teriam consciência de que estavam fazendo história?

Há uma escassa carta do secretário de Bolívar, J. Perez, sobre o tema (descoberta em 2013). A literatura não tolera tanta curiosidade e completou, com a imaginação, o silêncio dos historiadores. Jorge Luis Borges imagina o embate entre os dois no conto "Guayaquil". O texto vale a pena ser lido pela beleza da narrativa e pela percepção da presença argentina no continente.

Voltemos aos fatos históricos. Segue-se um banquete à conversa. Bolívar faz um brinde aos dois maiores homens da América do Sul: ele e o argentino. San Martín retribui com um brinde mais altruísta ao fim da guerra, à organização das repúblicas no Novo Mundo e à saúde do colega Bolívar. Logo em seguida, San Martín decide afastar-se da luta e entregar todo o comando a Bolívar. Mais: o general platino embarca para a França e, lá, morreria em 1848, com mais de 70 anos. Bolívar segue na política sul-americana e morreu aos 47 anos, de tuberculose, apenas 8 anos depois de Guayaquil.

Tal como Garibaldi, teria o argentino decidido que um recuo era melhor? Uma das chaves da compreensão de cada pessoa é saber como ela lida com sua vaidade. Todos somos vaidosos, sem exceção, mas a quantidade e a relação com a vaidade são distintas em cada ser. Teria o herói platino recuado por humildade, estratégia ou incapacidade de se sobrepor? Seria San Martín um caso especial de humildade argentina? Nunca saberemos. Era uma época anterior aos onipresentes gravadores em celulares.

As conversas privadas e históricas constituem um desafio importante para o conhecimento do passado. São fluxos de consciência que ajudariam muito para recompor a alma de cada personagem e suas motivações... caso tivéssemos acesso a elas. A correspondência que eventualmente tenham escrito ajuda, mas é um pouco mais elaborada. Os latinos diziam: *verba volant, scripta manent*. As palavras são voláteis, dançam no ar e desaparecem. A escrita tem foro de permanência e merece uma maior atenção do autor, fazendo com que a espontaneidade da fala e o calor do momento encontrem filtros mais seguros. Nossa mania de trocar mensagens a cada segundo pelo celular está aproximando os dois estatutos. Atualizamos os latinos, pois a palavra em sua forma escrita também parece voar. Há total oralidade nos textos de WhatsApp. Como o historiador do futuro lidará com essa fonte de comunicação? Achar o celular de presidentes do Senado do Brasil numa escavação ou arquivo daqui a 500 anos, com suas mensagens intactas, revelaria o que sobre nosso mundo político? Seria uma nova pedra de Roseta? O que nossos celulares iluminam sobre nós e nosso mundo? O dramático do mundo atual é que aumentamos tanto a comunicação que ela corre o risco de se tornar irrelevante. Talvez por isso a gente digite tanto: não há mais nada a dizer.

Conhecereis a verdade e a verdade vos libertará

O título do texto é minha passagem preferida no Evangelho de João (8, 32). Parece ser um programa de vida útil a almas piedosas e a ateus empedernidos. É princípio científico, mas também é místico e programa pessoal. Amanheço com a dúvida de Pilatos para Jesus: o que é a verdade? O Mestre não respondeu.

Minha formação básica ocorreu no colégio São José, em São Leopoldo. Lá os Karnais estudam/ensinam há três gerações. Há uma história que atravessa as décadas da escola fundada em 1872: o corredor do diabo. Como num velho filme de terror de Zé do Caixão, advirto aos leitores de sensibilidade aguçada: a narrativa é assustadora. Cardíacos ou pessoas impressionáveis: interrompam a leitura aqui! Foram avisados!

Não existe uma data precisa. O fato está inserido na lógica atemporal do terror. Havia uma capela no último andar da escola. Uma freira rezava, concentrada. De repente, ela sentiu um forte cheiro de enxofre no ar. Estava sozinha. Ao odor, somaram-se sons de cascos. A franciscana apavorou-se. Gritou em vão: o som se perdia nas paredes grossas. Sim! Era ele: o próprio Satanás! Por motivos desconhecidos, o príncipe do inferno tinha vindo levar a alma da freira estupefata. Por que levar uma irmã ao mundo demoníaco? Dante Alighieri povoou o reino do capeta com papas. Nada impede que uma humilde freira, por motivos desconhecidos, faça companhia a tão ilustre grupo. Foi-se a orante para a danação. Prova concreta do encontro: a mão peluda e quente do rei da mentira ficou impressa na capa da Bíblia da condenada. A capela foi fechada.

Nunca mais houve sacramentos no espaço. O medo venceu. O silêncio caiu sobre a comunidade.

A história era desmentida e isso aumentava o interesse. Um calouro que chegasse ao São José já perguntava aos veteranos: onde ficava o corredor do diabo? As irmãs advertiam que era boato. A insistência em desmentir atiçava nossa certeza. Por que tanta gente dizia que era mentira? Óbvio: era verdade!

Na infância, acompanhado de bravos amigos, subia aos recantos da vasta escola. Havia dezenas de salas fechadas, corredores escuros, velhos espaços de pé-direito alto e silêncio aterrador. De repente, algum zombeteiro gritava e saíamos em disparada. Nunca encontramos o famoso corredor, tampouco o livro queimado com a manopla infame de Lúcifer. Sem problemas: crença tem relação ambígua com provas materiais. A verdade do corredor do diabo nos escapava ano a ano.

Teria ocorrido a cena horrenda? Uma única vez roçamos nela. Em uma pequena capela de uma ala do colégio que, até então, não tínhamos notado. Tudo indicava ser o local famoso. Era um fim de tarde e encontramos, num nicho lateral, uma assustadora imagem de Nossa Senhora da Cabeça. No lusco-fusco da hora vimos aquela imensa imagem de uma mulher que segurava um decapitado na mão.

O leitor incréu pode buscar no Google a imagem de Nossa Senhora da Cabeça. Alguém gritou: é a cabeça do diabo! Nunca corremos tanto. Parecia que os cascos hircinos de Belzebu nos perseguiam.

Jamais apuramos a verdade verdadeira. Era uma época de liberdade de imaginação. O mundo mudou. Surgiu um conceito novo: a pós-verdade. O que seria uma verdade desvinculada do factual?

O debate público é dominado por apelos emotivos. Não importam fatos ou dados precisos, vale apenas a manipulação de medos. Na crítica ao stalinismo e a todo totalitarismo, George Orwell fez do romance *1984* uma advertência de como a mentira pode ser transformada de tal forma que dela surgisse uma verdade. Tal como a Inquisição, o Estado Totalitário não quer apenas eliminar a oposição, mas convertê-la, fazê-la crer, sinceramente, na verdade estatal. O traço totalitário está nas democracias.

O dicionário *Oxford* data o conceito de pós-verdade no ano de 1992. Não precisamos mais do fato concreto, basta a crença. Nas sociedades democráticas de livre trânsito de ideias, o que confirma minha convicção prévia é verdadeiro. Não busco argumentos ou debate, busco reforço dos valores do meu gueto. Exemplo? O filho de um conhecido político seria dono de uma empresa de produção e distribuição de carne. Verdade? Que absurdo! A empresa desmentiu. Todos os envolvidos desmentiram. Mas vale a lógica que eu tinha na infância: se as freiras desmentem é porque é verdade. Por que é verdade? Aparentemente porque tenho um cunhado cujo primo mora ao lado de um vizinho da manicure de uma contabilista da empresa que jura que é verdade. Também há juízes que são ponta de lança do FBI. Foram treinados nos EUA para desestabilizar o Brasil. Vale tudo na minha crença.

Minha posição prévia deseja que seja verdade. Todos os argumentos serão acolhidos como verdade de acordo com a posição prévia. A era da pós-verdade não é apenas uma era de mentiras. Todas as eras foram de mentiras. A diferença é que, antes, nós poderíamos crescer e descobrir que o corredor do diabo era um mito. Hoje, quase todos ficam felizes na infância mental. Crescer é arriscado. Corro o risco de descobrir que não sou o centro do universo. Pensar dói. Lúcifer se foi, envergonhado pela concorrência desleal. Quem precisa do príncipe da mentira quando se tem rede social?

Deus e Ray Conniff

Um dia fui apresentado à ideia da eternidade divina. Deus sempre existiu e sempre existirá. Não me lembro, ao longo de toda infância e adolescência, de ter encontrado algum colega, amigo ou escrito que colocasse em dúvida a onipotência e bondade divinas. A fé era o oxigênio, a essência do nosso mundo.

Minha identidade religiosa era católica. Na capela do colégio, quando a irmã Eloísa (sem "h") tocava no grande harmônio Schiedmayer o hino pontifício de Gounod, eu sentia que estava na margem correta do rio da verdade. Não conhecia outra. A certeza gerava uma tranquilidade feliz. Na versão de D. Marcos Barbosa OSB (Ordem de São Bento), o coro do colégio quase gritava: "Ó Roma eterna, dos mártires dos santos, Ó Roma eterna, acolhe nossos cantos! Glória no alto, ao Deus de Majestade, paz sobre a Terra, justiça e caridade." A luz azulada dos vitrais alemães entrava no fim da tarde e minha fé era, naquele momento, o cruzamento da beleza estética, da tradição histórica e da força repetidora da minha tribo.

Na biblioteca do meu pai descobri Eça de Queirós. Li *O crime do padre Amaro* e *A relíquia*. Eram textos do liberalismo anticlerical do século XIX. Um padre que engravidava uma moça e um tartufo português foram baques fortes na adolescência. Porém, não me lembro de ter ficado muito abalado, mas, pelo contrário, feliz em viver cercado de bons padres e freiras. O mal parecia ficcional. O bem era próximo e biográfico. Acabei lendo toda a obra do português e tendo muito prazer. Não estava ali a semente da minha descrença. Meu pai era católico ultramontano e também apreciava *O primo Basílio* e *As cidades e as serras*. Eça escrevia muito bem: se fosse ateu ou chacoalhador de rosários, continuaria sendo um gênio.

A leitura de Sartre foi mais forte. Descobri no ensino médio e continuei na faculdade. Ecoava em mim a ideia da palestra tornada panfleto do existencialismo: ainda que Deus existisse, em nada alteraria a situação humana. Estávamos condenados à liberdade. A onisciência divina era incompatível com livre-arbítrio, dizia o autor de *O existencialismo é um humanismo*.

Tenho uma intuição de que ninguém perde a fé lendo autores anticlericais ou ateus, mas que questionamentos pessoais levam a autores que endossem nossa posição. O ateísmo intelectual é buscado porque existe um sentimento de afastamento e construção de identidade distinta dos nossos pais e do nosso meio. A rebeldia filosófica e histórica pode chegar depois de uma rebeldia freudiana. Em alguns casos, "não creio em Deus" quer dizer "não creio no Deus dos meus pais" e, por extensão, sou alguém que tem uma vida própria. Rejeitar Deus estava no mesmo pacote de rejeitar o gosto do meu pai pela música de Ray Conniff.

A segunda instância da descrença era social. O meio universitário era cético. Ser ateu, agnóstico ou crítico da Igreja ao menos dava *status*.

A gente parecia mais "descolado" se ironizasse a pretensão metafísica alheia. Éramos estudantes de História. Trazer exemplos históricos de corrupção eclesiástica à tona era de um iconoclasmo sedutor. O Leandro que cantara a marcha de Gounod tinha de analisar a vida de Alexandre VI e suas amantes, de Júlio II e seus amantes e até das hemorroidas de Leão X. A humanização do papado abalava a pompa da Marcha Pontifícia. Então, a proctologia pontifícia era a materialização de um papado mais humano.

Como disse, não creio que a Filosofia e a História sejam a raiz da descrença. Ser crítico era enfrentar. A professora de História Moderna era conservadora e a universidade era jesuítica: a liberdade implicava anticlericalismo. O estudo do "desencantamento do mundo" de Weber não causava, mas reforçava a criação do nosso próprio mundo. Era proibido desprezar a pobreza, a América Latina ou a ideia da justiça social. Racistas eram excomungados do grupo. Mas... era lícito e bom ironizar a Igreja. Bem afirmaria o futuro papa Bento XVI que o ataque contra a religião era o único preconceito academicamente aceito.

Volto a Freud e a Deus. Havia o desejo sexual. O imperativo hormonal se chocava com a religião. Tudo o que o corpo gritava como "eu quero" a moral religiosa dizia "não pode". Não parecia possível conciliar os dois mundos, ainda que a Bíblia descrevesse o mesmo choque em tantos patriarcas e reis. Davi desejou Betsabá e, ao decidir sem levar em conta a regra divina, atraiu desgraças para si e para o povo. Jacó deitou-se com a noiva trocada, ainda que seu crime fosse culposo. Onan foi fulminado por Deus.

A solução dos dilemas descritos varia muito. A incapacidade de adaptar o Deus da infância ao mundo adulto é um obstáculo que gera muita descrença. É provável que muitas revoltas religiosas tenham esta fé de vetor contrário. Nossas perdas pessoais e nossa desilusão precisam de um culpado. Rejeitar o Deus de barbas brancas e moralista deveria ser uma evolução na fé e não uma negação do sagrado. Separar Deus das instituições que o representam seria um gesto de lucidez e reforço de crença, como foi para o profeta Amós. Nada mais religioso e profético do que a denúncia e a revolta, mas suportar nossos amplos defeitos, como lemos em Gálatas 6, 2-3.

Como incorporar Deus à contingência e à falência dos sonhos? Como aceitar que tantas pessoas que se dizem religiosas sejam tão banais, agressivas e toscas? Se eu fosse o demônio e pretendesse destruir a fé não incentivaria o ceticismo, mas reforçaria o moralismo do beato. Adaptando a ideia de Giovanni Boccaccio, a sobrevivência das Igrejas apesar de seus pastores é uma prova irrefutável de que existe um Deus.

Não existe uma boa solução para tais dilemas. A dor da vida explica o joelho que se dobra e o ceticismo que se levanta. Religiosos e ateus procuram uma solução como as pílulas vermelha e azul do filme *Matrix*, de Lana e Lilly Wachowski (1999). Ambas funcionam e ambas fracassam. Não tenho a resposta, mas desconfio que parte dela esteja em escutar Ray Conniff.

Para voltar a ver

Viajar traz uma excelente possibilidade: exposições. Como já fui curador de mostras e também dou aulas de arte, meu olhar foi treinado para ver algo a mais do que as obras expostas. A origem da palavra "curadoria" é a mesma de cuidado, no sentido de zelar, dar atenção especial. O processo constitutivo do evento é, para mim, tão interessante quanto as peças expostas.

Curadores têm ideias, mas o mundo limita tudo com o espartilho de aço dos custos. A criatividade esbarra na planilha de cálculo. Ninguém recebe verba total, tempo ilimitado ou equipe suficiente. Todo projeto é um ajuste de sonhos, de orçamento, possibilidades materiais e infinitos acidentes de percurso. Grandes museus ou fundações ricas conseguem maiores facilidades, mas nem eles concretizam uma exposição tal como ela foi originalmente concebida.

Ser curador é cruzar a ordenada do real com a abscissa do possível. O resultado é sempre uma curva tensa, por vezes tão linda e bem desenhada que o público recebe o resultado como os juros naturais e justos do investimento genial de alguns. A beleza do capitel terminado oculta o suor do operário e do engenheiro.

Uma coisa ótima em exposições: recriar ou inventar diálogos. Lembro-me dos óbvios e bons: uma antiga exposição sobre o pai do cubismo no Museu do Prado (Madri, 2006, *Tradición y vanguardia*), colocando próximos Velázquez e o artista malaguenho. Vi mais recentemente, no Museu Picasso de Paris, uma aproximação fácil, mas igualmente bem elaborada: Picasso e Giacometti. Os dois tiveram uma relação de amizade e as obras escolhidas foram muito boas. As palavras para classificar ambos (o pintor-escultor e o escultor-pintor) provocam reviravoltas mentais para pensar composição, forma e opções sobre a representação. Tais subjetividades ficam escandalosamente reveladas nas duas obras: *A sombra*, quadro de Picasso (1953), e a escultura *Homem que anda 2* (Giacometti, 1960). Parece que o diálogo sempre esteve ali, e só agora, na exposição, conseguimos integrá-lo mentalmente. Uma boa exposição educa a inteligência e a acuidade do olhar.

Há eventos que não miram a comparação, mas a análise de uma única obra-prima. É o caso da mostra sobre a *Porta do Inferno*, no Museu Rodin (*L'Enfer selon Rodin*). Concebida para um museu que nunca foi construído, a porta é conhecida também pelos elementos separados, como *O pensador*, que encima sua massa monumental. A exposição traz esboços, moldes e aproximações com os *Portões do Paraíso* (de Lorenzo Ghiberti, século XV) e com a obra do poeta Charles Baudelaire. O método é decompor o todo em partes, trazer à luz influências e diálogos, dissecar o projeto e tentar recompor tudo na obra pronta e fundida que encontramos nos jardins do museu.

Outro esforço interessante: recriar um mundo, como ocorre no Museu d'Orsay (*Spectaculaire Second Empire, 1852-1870*) com o tempo de

Napoleão III. Quadros, estátuas, objetos decorativos e cotidianos são apresentados levando o público para o coração do século XIX. Assume-se, pois, um olhar histórico e nacional, para explicar as duas décadas que marcaram a França até o trágico desfecho. Se o Museu Picasso oferece uma educação do olhar, o Rodin propõe uma arqueologia da composição. O d'Orsay, por sua vez, oferece uma aula de História e de ambientação entre cristais e tafetás chamalotados.

Uma exposição também pode focar luz sobre uma personagem menos conhecida. O conde Carl Gustaf Tessin era embaixador escandinavo em Paris no século XVIII. Aproveitou para formar uma coleção que traduz um olhar sobre o mercado de arte de seu tempo (*Un Suédois à Paris au 18ᵉ Siècle*). Lá, somos apresentados ao gosto de um sueco de elite e à sua avaliação do mundo pictórico e escultórico francês. A tal gosto e avaliação, justapomos as escolhas dos organizadores e, sobre elas, as nossas próprias conjecturas. Curiosa aproximação: sou um estrangeiro lançando o olhar sobre outro estrangeiro que avaliou o mundo da arte da capital francesa. Em comum, a mesma pergunta: o que vale a pena ver/adquirir em Paris?

Há muito mais. Só para citar algumas: uma grande mostra sobre Magritte no Georges Pompidou e uma visita aos objetos da Fundação Louis Vuitton. Esta última vale pelo prédio e pelo acervo.

Uma viagem deve combinar diversas possibilidades. Comer, conhecer pessoas, passear, ver e aprender formam o leque completo. Acima de tudo, acabamos por voltar ao papel de flâneur que o autor das *Flores do mal* identificava há quase 200 anos. O olhar agudo que perdemos no cotidiano nas nossas cidades de origem pode ser restaurado na cidade alheia. Criamos um ritmo estetizante e transformador através do cotidiano e da arte em território estrangeiro. Um *boulevardier*, um homem do *boulevard*, via as coisas, aprendia, descrevia, com a pena de Zola ou de Proust, a experiência mais vagarosa e analítica dos mundos redesenhados pelo olhar. A vantagem dessas personagens do passado? Não faziam *selfies*. Mas, através do *self*, punham-se a pensar o outro.

Por que me ufano...

Em São Paulo, somos todos imigrantes ou descendentes deles. Paulistas quatrocentões são descendentes de forasteiros antigos, e amiúde, de indígenas. Italianos, árabes, negros, orientais, judeus e nordestinos são mais recentes. É uma consciência que precisamos proclamar a todo paulistano branco, negro ou oriental: ter chegado aqui à força como escravo, expulso pela pobreza na sua área de origem ou perseguido num gueto europeu só dá mais energia à sua luta de agora.

Há uma tragédia e uma lacuna na base. Nosso ancestral imigrante não era um duque milionário na Borgonha que, entediado de caçadas à raposa entre vinhos inebriantes e trufas, decidiu vir para uma vila colonial no interior da América. Todos temos uma dor na base da árvore genealógica.

Um mameluco nascido em Santana de Parnaíba, Domingos Jorge Velho, teve de buscar ocupação no bem mais rico Nordeste do fim do século XVII. Por lá andava caçando indígenas e para lá voltou para destruir o quilombo dos Palmares (ainda que exista um bom debate histórico sobre a presença dele no episódio).

Vianna Moog, gaúcho nascido na mesma cidade que este cronista, comparou a São Paulo de 1954 (então no ano do seu quarto centenário) com os EUA. O livro, cada vez menos lido, chama-se *Bandeirantes e pioneiros*. À parte o determinismo geográfico que a obra ainda contempla, ele fez uma das primeiras comparações entre os dois mundos. Moog viu quase só diferenças. Os paulistanos de hoje contemplam muitas semelhanças.

Voltemos mais no tempo. O cacique Tibiriçá fundou a paulistanidade quando acolheu um grupo heterogêneo de jesuítas. Surgiram um povoado e um gesto: receber quem vem de longe. Cortemos a rígida corda da precisão histórica. Se um dos jesuítas tivesse tido um justificável mal-estar a caminho da colina fundacional e tivesse retardado os colegas missionários um único dia, a maior cidade do Brasil poderia se chamar São Timóteo, patrono do dia 26 de janeiro. Os aqui nascidos seriam timotenses (ou timotianos?) e o bispo de Éfeso seria louvado na Sé. Imagine um carioca, nessa história alternativa, reclamando da obsessão do povo de Piratininga: essa gente de São Timóteo é toda estressada!

Voltemos ao real. Hoje, acordei ufanista. Amo São Paulo e aqui construí a maior parte da minha existência. A cidade foi generosa comigo e, como tantos, reconheço "que quando eu cheguei por aqui eu nada entendi".

Velha calúnia: São Paulo é bairrista e não admite estrangeiros. Afinal, os paulistas lutaram nas Minas contra "os de fora", os emboabas. Velho mito. Derrubemos a aleivosia com uma lista incompleta. O prefeito Raimundo Duprat era do Recife. Álvaro Gomes da Rocha Azevedo governou a capital paulista sendo mineiro.

De Itu procedia Firmiano de Morais Pinto. Washington Luís, ínclito prefeito e futuro presidente, era de Macaé, estado do Rio de Janeiro. Isso não o impediu de escolher o brasão da cidade que conhecemos: *Non Ducor, Duco* (não sou conduzido, conduzo). Pires do Rio nasceu em Guaratinguetá.

Jânio Quadros era paulistano autêntico de Campo Grande, hoje Mato Grosso do Sul. O administrador e futuro governador Ademar de Barros era piracicabano com raízes em São Manuel. Wladimir de Toledo Piza era de Serra Negra. Prestes Maia chegou ao mundo na calma estância hidromineral de Amparo. O grande Faria Lima? Surpreendam-se paulistanos: carioca ao nascer e ao morrer.

Paulo Lauro, o primeiro negro a governar a Pauliceia, era um brilhante advogado de Descalvado. Para todos os matizes políticos lembramos na lista o santista Mário Covas e Luiza Erundina, paraibana de Uiraúna. A lista dos "emboabas" se encerra, até o momento, com o carioca Celso Pitta. Os alcaides seguintes foram escolhidos entre paulistanos natos.

Assim somos paulistanos de todos os locais, unidos no espaço que Tibiriçá criou em Piratininga, João Ramalho povoou e os jesuítas tentam educar há mais de quatro séculos. Vocacionados para a luta, marcados pela obsessão do relógio e adaptados à diferença que nos une: esse é o paulistano real e ideal. Objetivos e diretos, somos menos suaves do que os mineiros, menos abruptos do que os gaúchos, menos cariocas do que os cariocas.

Quase 12 milhões de seres humanos com muitos problemas e muita esperança. Somos assim, ligeiramente vaidosos; mas, meu amigo, temos motivos para isto. Fizemos São Paulo e ela, generosa e maternalmente, reinventou-nos.

Talentos do além

Dei um curso sobre o pintor Caravaggio há alguns anos. O local era uma sala em Higienópolis, na capital paulista. Sou apaixonado pela sua obra. A vida tumultuada, a luz e sombra, seus temas teatrais e dramáticos: tudo parece hipnotizar. Tenho a experiência antiga que, em meio a uma aula de Contrarreforma com alunos de ensino médio, o quadro *Judite e Holofernes* (Palácio Barberini, Roma) causa um impacto imediato. O mais *blasé* dos adolescentes parece repetir o espanto diante da tranquila violência contida na imagem com seus jorros de sangue.

Volto ao curso. A turma era ótima. Consegui entrar em detalhes técnicos das pinturas. Comparei o mesmo tema em diversas representações, por exemplo, Judite com a cabeça do general assírio sob a lógica pictórica de Botticelli ou de Artemisia Gentileschi. Analisamos as fontes, os estilemas caravagescos e o mundo social italiano. Construí as aulas com paixão sincera.

As preleções terminaram. Os alunos se despediam e iam embora. Restou, apenas, um jovem senhor na sala. Fizera boas perguntas nas semanas anteriores. Parecia afável e bem preparado. Sorrindo, veio agradecer. Trazia grossa pasta nas mãos. Pediu para mostrar. Anunciou ser pintor.

Tenho certo receio quando alguém quer me mostrar um poema ou uma pintura. O que dizer a um autor? Como tratar da sensibilidade alheia? Como não ser grosseiro sem precisar mentir? As coisas piorariam um pouco mais.

O aluno segredou-me ser um tipo especial de pintor. Disse que pintava e não pintava. Esmiuçou a contradição: ele recebia o espírito de pintores e pincelava sob tal transe. Mais: era Caravaggio que vinha até ele. Meu medo, que já estava em grau alto, ficou quase incontrolável. Verifiquei se a porta da sala continuava aberta e se uma fuga seria possível. Então... ele abriu a pasta.

Diante de mim inúmeras obras em telas não emolduradas e alguns esboços de desenhos. Todos, segundo meu interlocutor, de autoria do próprio Michelangelo Merisi, dito Caravaggio. Costumo ser bem controlado nas expressões faciais, fruto de anos de sala de aula e de muito contato com público. Nem sempre consigo. Acho que ele notou minha expressão de horror.

A morte parecia ter fulminado o talento do gênio. As pinturas seriam, com muito otimismo, um vago esboço sobre o tenebrismo caravagesco. Não continham a força do claro-escuro, tampouco a violência dionisíaca. Ali não se notava o cruzamento entre a fé e o humano apaixonado. O que eu tinha diante dos meus olhos eram obras com pouco domínio do desenho, perspectiva equivocada, iluminação rasa e composição de simetria oposta a Caravaggio. Eu estava, genuinamente, constrangido.

Invoquei um compromisso real para acelerar a análise da pasta. Aprendi uma frase num filme do grande Anthony Hopkins (*Terra das sombras*, 1993), quando se prepara para ver os escritos de uma poeta: "Só você poderia ter escrito isto". A ideia é neutra e é bem recebida pelo interlocutor. Usei-a ao final. O aluno-artista agradeceu, porém, humilde, se desculpou: "Eu não pintei, professor, foi ele", apontando para a imagem de Caravaggio que ainda estava na parede ao fim da última aula.

Nunca mais reencontrei o pintor-médium. Reflito sobre as muitas pessoas que possuem essa capacidade de criar uma ideia e segui-la de forma decidida. Encanta-me o pensamento mágico, mas apenas quando leio Lévi-Strauss sobre a ilha do Bananal ou Evans-Pritchard sobre os azandes no coração da África. A crença é fascinante, especialmente pela sua irracionalidade e pela constituição de uma lógica própria que revela um código. Porém, se o menino do filme *O sexto sentido*, de M. Shyamalan (1999), sentasse ao meu lado e dissesse que vê gente morta todo o tempo, eu ficaria intranquilo. Não tenho medo de mortos. Tenho medo dos vivos que veem mortos.

Seria fácil supor que o pintor-incorporador fosse apenas um caso patológico. Nada indicava isso. Também ele não pertencia a um grupo social ou tribal que embasasse a crença. Ele não era um azande. Meses depois descobri, por acidente, que ele era um engenheiro. A função, tradicionalmente, é treinada para o pensamento imanente, prático e quantificável. Essas são virtudes que admiro nos engenheiros e até lamento certa escassez entre nós, historiadores.

Sempre tento fazer a crítica da minha crítica. Grande parte do sistema universitário, especialmente cerimônias de defesa de tese, apresentam recursos simbólicos de uma linguagem que traduz, em gestos e falas, certa cosmogonia acadêmica, ou quem é quem na fila do pão. Usamos, no dia a dia, adereços sem utilidade prática como gravatas. Já coloquei branco no ano-novo, sabendo que um corante (ou sua ausência) sobre o algodão não muda em nada o tempo à frente. A própria crença na mediunidade não nasce entre povos dos grotões, porém em um professor de ciências na sofisticada Paris do século XIX, influenciado pelos temas científicos da evolução. O cruzamento fé/magia/ciência sempre foi notável.

Estamos diante do encantamento do mundo: nossas magias parecem práticas normais, as dos outros refletiriam patologias. No mil-folhas do universo contemporâneo, resta selecionar quais as feitiçarias aceitáveis socialmente. Eu e você, leitor, temos um Mundo de Oz bem estruturado em nossas convicções. Os outros? Obviamente são loucos, carentes ou malformados. Continuo com a certeza de que os grandes mestres são mais talentosos antes do falecimento.

Insulto, logo existo

A crítica e o contraditório são fundamentais. Grande parte do avanço em liberdades individuais e nas ciências nasceu do questionamento de paradigmas. Sociedades abertas crescem mais do que sociedades fechadas. A base da democracia é a liberdade de expressão. Sem oposição, não existe liberdade.

Uma crítica bem fundamentada destaca dados que um autor não percebeu. Um juízo ponderado é excelente. Mais de uma vez percebi que um olhar externo via melhor do que eu. Inexiste ser humano que não possa ser alvo de questionamento. Horácio garantia, com certa indignação, que até o hábil Homero poderia cochilar (*Quandoque bonus dormitat Homerus – Ars Poetica*, 359). A crítica pode nos despertar.

Como saber se a avaliação é boa? Primeiro: ela mira no aperfeiçoamento do conhecimento e não em um ataque pessoal. A boa crítica indica alternativas. Notamos, no arguidor sincero, uma diminuição da passionalidade. Refulgem argumentos e dados. Mínguam questões subjetivas. Há mais substantivos e menos adjetivos. Não digo o que eu faria ou o que eu sou. Indico apenas como algo pode ser melhor e a partir de quais critérios. Que argumentos estão bem fundamentados e quais poderiam ser revistos. Objetividade é um campo complexo em Filosofia, mas, certamente, alguém babando e adjetivando foge um pouco do perfil objetivo.

Duas coisas ajudam na empreitada. A primeira é conhecimento. Há um mínimo de formação. Não me refiro a títulos, mas à energia despendida em absorver conceitos. Nada posso dizer sobre aquilo do qual nada sei. Pouco posso dizer sobre o que escassamente domino. A segunda é a busca da impessoalidade. Critico não por causa da minha dor, da minha inveja, do meu espelho. Examino a obra em si, não a obra que eu gostaria de ter feito ou a que me incomoda pelo simples sucesso da sua existência. Critico o defeito e não a luz.

Cheguei a essas conclusões por já ter errado. Arrependo-me de críticas passionais. Tomei consciência de que dois ou três temas mexem tanto comigo, que a objetividade tende a diminuir. Questões ligadas ao racismo, à violência contra mulheres e à educação implicam uma carga emotiva forte para mim. Hoje, quando vejo que o debate roça nisso, submeto-me a redobrada atenção para evitar fazer aquilo que estou reclamando em outros.

Reconhecida minha imperfeição, reafirmo: assusta-me a virulência da internet. Há pessoas que querem fazer sucesso a qualquer preço e cimentam a estrada com palavrões. Acreditam que agressões com palavras vulgares e apelidos sejam um grande impacto. Estão corretos: causam impacto, mas vulgaridade é simples concussão.

Suponho que alguns apresentem sintomas ligados à chamada síndrome de Tourette. Georges Gilles de la Tourette (1857-1904) descreveu pacientes que tinham compulsão de enunciarem palavrões, especialmente referências a fezes. A coprolalia, esse fluxo de temas fesceninos e agressivos, escapa ao controle.

Além de uma síndrome generalizada de Tourette, noto a vontade de classificar mais do que entender. Definido se o autor é x ou y, encerra-se a discussão. Basta dizer que ele é, por exemplo, conservador ou socialista. Nada mais preciso pensar da obra.

É preciso reforçar que o talento e a criatividade têm pouca exclusividade política ou biográfica. Portinari e Jorge Amado eram gênios na pintura e na escrita. Também foram devotados comunistas. Jorge Luis Borges mudou a maneira de pensar a literatura mundial. Era racista e achava a ditadura de Francisco Franco muito boa. Oscar Niemeyer mudou a noção de arquitetura do século xx. Era adepto do marxismo. Shakespeare, do ponto de vista político, era bastante conservador e desconfiava da participação popular. Descartes e Pascal eram religiosos; Bertrand Russell e Diderot, ateus. Picasso e Hemingway eram sedutores quase agressivos de mulheres. Nelson Rodrigues não era, exatamente, um feminista. O pintor Francis Bacon, o músico Schubert e o economista J. Keynes tinham vida ou desejo homoeróticos. O que eu quero dizer: no momento em que eu apenas uso o rótulo, perco a chance de ver engenho e arte. Fixar-se no estereótipo parece ser um recurso de certa estreiteza analítica. Tanto a maestria pode estar presente num indivíduo detestável como a mediocridade pode aflorar no mais engajado lutador dos direitos dos filhotes de foca.

Respondo raramente a críticos agressivos. Basicamente por falta de tempo e também por acreditar ser um direito de todos a manifestação com liberdade, dentro dos limites da lei. Internet funciona como terapia para muitos. Sempre recomendei que as pessoas fossem comedidas não por humildade, porém por vaidade, já que atacando alguém eu falo tanto de mim e dos meus medos que a prudência impõe certo silêncio obsequioso. Poucas coisas desnudam tanto minha alma como o ataque. Podemos sempre evitar o texto de quem discordamos. O impossível é evitar a nós mesmos.

Cheguei, em fevereiro de 2017, ao meu verão de número 54. Nunca havia percebido a vida tão fascinante como agora. Melhorei muito porque tive bons críticos ao longo dos anos. Ajudaram-me a superar mazelas e lacunas. Agradeço a eles. Desejo paz aos outros julgadores. Estou com pouco tempo para odiar.

Muros e bárbaros

Troia era muito próspera. Para preservar sua riqueza, ergueu muros altos. A obra teve divinos feitores: Apolo e Posídon. Divergências sobre o pagamento levaram a desgraça para o povo e para a família real. Anos depois, os gregos conquistaram a cidade inexpugnável com a artimanha do cavalo de madeira. A orgulhosa Ílion caiu com seus muros intactos.

Constantinopla foi construída em um ponto privilegiado entre Europa e Ásia. O comércio enriqueceu a cidade. Desde o começo, ela foi fortificada. O sistema de muralhas em desnível era extraordinário. Foi sendo reforçado e melhorado nos mil anos seguintes. A extensa proteção ainda contava com obras de defesa junto ao mar e poderosa corrente para impedir a passagem de navios pelos estreitos. O surgimento da pólvora para fins militares foi fatal para ao projeto. Poucas semanas após ter completado 21 anos, o sultão Maomé II entrou triunfante em Santa Sofia. As fortificações bizantinas tinham ficado obsoletas.

Há muros altos na China desde antes do período imperial. O imperador Qin Shi Huang (século III a.C.) unificou o país e deu à cidade de Xian sua atração principal: os guerreiros de terracota. Ele decidiu ligar os muitos muros reais e fazer a primeira muralha imperial. A chamada Muralha da China é uma obra com muitos perfis arquitetônicos. A zona mais visitada, hoje, é próxima a Pequim. Aquela parte é fruto do esforço restaurador da dinastia Ming (séculos XIV ao XVII).

Depois de um início de expansão cujo símbolo são as fabulosas viagens do almirante Zeng He ao Ocidente, os imperadores, aconselhados por eunucos confucionistas, encerraram a fase de pensar para fora e passaram a pensar para dentro. Depois de navegar boa parte do Índico, chegando ao mar Vermelho e a Moçambique, os chineses se ensimesmavam uma vez mais: não acreditavam ter visto nada melhor do que eles mesmos fora de seus territórios. Para que viajar? Para que se abrir ao mundo? Ressuscitam o esforço de restaurar as muralhas com pedras para impedir a invasão dos bárbaros. Os Ming deixaram de se considerar uma potência ofensiva e adotaram atitude defensiva. As antigas muralhas não tinham detido a invasão mongol. As novas e restauradas não conseguiram deter os grupos da Manchúria que derrubaram o último soberano nacional chinês e instauraram o poder estrangeiro sobre o Império do Meio.

A Muralha da China teve efeitos muito variados. O primeiro deles foi absorver recursos do Império, especialmente no período Ming. O segundo foi transmitir a falsa sensação de segurança. Podemos existir longe dos estrangeiros, pensava, satisfeita, a elite da Cidade Proibida. A única grande consequência que a muralha não conseguiu apresentar foi aquela que tinha definido sua gênese: livrar o império de bárbaros.

Vitoriosa na Grande Guerra, a França manteve parte do seu alto-comando. Marechais carregados de medalhas e de experiência pensaram em um sistema de defesa grandioso. Se as trincheiras tinham marcado o conflito de 1914-1918, é óbvio que um sistema industrial e perfeito de trincheiras salvaria o povo francês do conflito que se avizinhava. "Excelente ideia", deve ter dito um ancião ao outro em Paris.

Surgiu a Linha Maginot. Túneis, casamatas de concreto, trilhos, depósitos: a extensa rede defensiva era perfeita. Ela pode ser visitada hoje, quase intacta. A opinião pública foi convencida que valia a pena investir grande parte da receita francesa na concepção. A cabeça de parte dos dirigentes políticos e militares da França voltava-se para 1914. A guerra de 1939 seria de aviões e de tanques. O ataque nazista pelas Ardenas foi uma surpresa. A Linha Maginot foi um caríssimo elefante branco. Em 1940, a França caiu. A ideia fora inútil. Jogar na retranca, mais uma vez, demonstrou ser tática duvidosa.

Em agosto de 1961, tentando estancar o fluxo migratório para o Ocidente, o governo da Alemanha Oriental/URSS ordenou a construção do Muro de Berlim. O mundo que deveria ser o paraíso dos trabalhadores não conseguia convencer seus habitantes a permanecerem no Éden. A cidade foi dividida.

O Muro de Berlim custou muitas vidas. Foi o símbolo do fracasso socialista. O democrata Kennedy fez discurso se identificando com os berlinenses oprimidos. O republicano Reagan pediu de forma direta: "Secretário-geral Gorbachev, se o senhor busca a paz, se busca prosperidade para a União Soviética e o Leste Europeu [...], derrube este muro". O símbolo caiu em 1989 e, com ele, o socialismo histórico da URSS e do Leste Europeu.

Há muitos outros divisores físicos na História. Todos foram e são de memória infeliz e inúteis. Eles reconhecem o fracasso de um sistema e simbolizam o colapso das pontes. Muros enriquecem empreiteiros e empobrecem ideias e humanidade.

Visitei muitas vezes a Muralha da China, as ruínas de Troia, estive em Istambul, vi Berlim e conheci a Linha Maginot. Nesses lugares há o eco do desejo de deter os bárbaros e o registro do fracasso do intento. Seria irônico repetir Reagan, o neoliberal, o republicano conservador, o garoto-propaganda do capitalismo de livre mercado contra seu colega de partido: "*Tear down this wall, Mr. Trump*".

Quem merece o quê?

Uma palavra cresceu muito recentemente: meritocracia. Sua raiz está em muitos lugares. Começa com a crítica à sociedade estamental do Antigo Regime. No mundo dos reis absolutos, as pessoas eram definidas pelo nascimento. No século de Luís XIV, por exemplo, a nobreza tinha privilégios de foro jurídico, acesso a cargos, presença na Corte, precedências sociais e, até, o direito de usar certos tecidos e cores (leis suntuárias).

A maioria da população (o povo) viu com desconfiança um mundo definido pela loteria do nascimento e não pela capacidade de alguém. Reivindicou-se a isonomia, ou seja, a igualdade diante da lei. Quem garantiria que era melhor ter como comandante militar um duque ou príncipe de sangue, se um humilde oficial poderia ter mais preparo e melhor estratégia, mesmo que nascido de berço simples?

Uma das reações ocorreu no novo modelo de exército liderado pelo puritano Oliver Cromwell contra as tropas absolutistas de Carlos I. O sucesso de um exército disciplinado com oficiais promovidos por mérito foi evidente: o rei foi decapitado e os ingleses conheceram uma inédita República. A meritocracia era eficaz.

Ao final do Antigo Regime, a ascensão de Napoleão Bonaparte foi a consagração da capacidade sobre a origem. O corso venceu vários imperadores. Claro que tudo tem seu custo e, mesmo Napoleão, tão prático, fez uma concessão simbólica ao se coroar.

O conceito de meritocracia aumentou em importância com a ascensão do capitalismo liberal, especialmente no século XIX. De Adam Smith a Stuart Mill, domina a ideia de que o esforço pessoal seja o distintivo de cada ser. Riqueza e pobreza eram fruto de uma correlação entre capacidade e trabalho.

Nos Estados Unidos, o empreendedor bem-sucedido transformou-se na encarnação do liberalismo. A meritocracia seria similar à evolução das espécies: em um mesmo ambiente, apenas as mais adaptadas e hábeis sobrevivem.

Quase ao mesmo tempo, ideias socialistas deram explicação contrária. A sociedade capitalista era concentradora de renda e impedia a ascensão de forma igualitária. Para liberais clássicos, a desigualdade era uma decorrência natural dos diferentes talentos e esforços. Para os socialistas, era uma situação artificial criada para garantir o domínio de uma pequena elite. A meritocracia era uma construção ideológica para parte da esquerda e era uma verdade pétrea para uma parte dos conservadores. Parte dessa crítica está na obra de Thomas Piketty, *O capital no século XXI*.

Liberais gostam de citar, no Brasil, Machado de Assis. Nascido em condição social humilde, mulato, educou-se e galgou postos profissionais por exclusivo esforço pessoal. O fundador da Academia Brasileira de Letras seria o exemplo de que todos têm oportunidades, basta empenho.

Os inimigos da ideia do esforço como motor maior pensam em Machado como exceção. Usá-lo seria como dizer a todo atleta de várzea: jogue bastante bola porque Neymar ficou milionário assim. Para críticos da meritocracia, os exemplos excepcionais de um Machado só servem para reforçar a ideia de que, para a maioria, os caminhos estariam fechados.

O tema é complexo e não tem apenas dois polos: é preciso lembrar que o pensamento aristocrático continuou a encontrar eco em boa parte do século XX, negando a ideia de mérito e as críticas socialistas. Sándor Márai capta essa terceira via no romance *As brasas*, ao narrar o quase monólogo do general Henrik acusando seu amigo de infância, Konrad, de invejar seu berço aristocrático e sua vida abastada na corte de Francisco José. Konrad era mais inteligente e esforçado, tinha mais mérito em tudo. Vinha de origem mais humilde. Mas jamais seria como o outro por uma questão de nascimento. Isso tudo em 1941! Arno J. Mayer analisa a persistência da nobreza como referência até 1914 no clássico *A força da tradição*.

No plano individual, um aluno que se esforce mais tem mais chances de sucesso. Não seria justo que todos colhessem o mesmo com sementes e esforços de plantio bem distintos. No plano mais amplo, uma formação ruim e até uma ingestão insatisfatória de alimentos em alguns momentos pode representar danos muito difíceis de serem superados. Em processo de ensino, nem todo degrau pode ser recuperado. A pergunta incômoda é se todos possuem condições de esforço. Em outras palavras: querer é poder, mas... será que todos podem querer? Eu não tenho resposta clara. Sempre achei que somos mais livres do que deterministas de toda espécie imaginam, mas menos autônomos na vontade do que liberais idealizam.

Óbvio concluir que dar boas condições a alguns também não garante o êxito. O esforço é necessário independentemente da origem do esforçado. Seria ele suficiente? Responder a essa questão complexa sobre meritocracia está na base de políticas como Bolsa Família e cotas em processos seletivos. Na verdade, toda política pública dessa natureza nasce da ideia de que as condições não são iguais para todos e que seriam necessárias medidas para garantir, de fato, a meritocracia.

As perguntas básicas são: a) há condições de crescimento para todos mediante esforço?, e b) a meritocracia ainda é o critério básico para distinguir sucesso e fracasso? Talvez o questionamento derradeiro seja: quem merece o quê?

História à mesa

Poucas coisas são tão culturais quanto a comida. Uma mesa é uma concepção de mundo, uma hierarquia de desejos e de imaginação espacial. Definir o que comer, de que forma e em qual quantidade é mais do que um exercício básico. Por vezes, infelizmente, uma mesa é também o arranjo do possível.

Em um filme de propaganda da Guerra Fria, *Ninotchka*, de Ernst Lubitsch (1939), Greta Garbo é uma enviada russa a Paris que recusa um oferecimento de comida por já ter ingerido a quantidade suficiente de calorias. Claro que, ao longo da narrativa, a comissária bolchevique vai descobrindo os encantos de um chapéu sofisticado, de joias, de champanhe e da boa comida. Convertida ao lado estético da vida, ela deserta da URSS.

Primeira lição: a mesa é um resumo das trocas do mundo. Uma gramínea, a cana-de-açúcar, sai do oceano Índico e, levada por árabes, chega ao Mediterrâneo. A jornada continua pelas ilhas do Atlântico e, dali, atinge Brasil e Caribe. Surge uma civilização do açúcar. O gosto pelo doce será um pérfido incentivo ao fluxo de escravos na Idade Moderna. Os engenhos daqui e os escravos de Angola estimulam a invasão batava de ambos os lados do Atlântico. Ter império açucareiro mudou o perfil da culinária portuguesa. Uma especiaria, antes rara, torna-se uma das explicações para um pintor como Franz Post ter estado no Nordeste ou para nossa composição étnica. Comida é história.

Pimenta, cravo, canela e outros itens levaram os lusitanos e o cristianismo para a Ásia. A manga, abundante na Índia, chega ao Brasil e se aclimata tão bem que parece que sempre fomos cobertos por mangueiras frondosas. Além da manga e da cana-de-açúcar, o Brasil colônia recebeu uma planta africana especial: o café. Com uma história rocambolesca, Francisco de Melo Palheta trouxe a rubiácea para a América Portuguesa no século XVIII. O sucesso do cultivo do café é parte da nossa história.

O Novo Mundo deu uma contribuição expressiva à economia e às mesas do Velho. A batata, oriunda da região andina, tornou-se tão fundamental na Europa que fica complexo explicar a um alemão ou irlandês que nem sempre esteve lá. Que um tubérculo andino tenha virado batata-inglesa é a evidência de como uma planta pode ser apropriada física e conceitualmente.

Também da América procede o milho que hoje se estende por campos imensos em todos os continentes. Já no século XVI, a prosaica goiabeira das Américas estava vicejando na Índia graças às navegações. A mesma Índia veio a conhecer o mamão papaia e o caju. Os cajueiros eram, aliás, a marca distintiva de grande parte do litoral do Norte e Nordeste do Brasil. Só depois os coqueiros ocuparam essa identidade visual.

Há animais da parada transoceânica. Vieram galinhas e vacas para cá. Exportamos o peru para o planeta. Caravelas são arcas de Noé.

Todo processo de mundialização é, também, troca de alimentos. O chamado intercâmbio colombiano (*columbian exchanging*) foi crescendo com a Idade Moderna e a Contemporânea. O chá oriental chega cada vez em maior quantidade para os ingleses. A América passa a plantar trigo. O girassol da América do Norte virou um cultivo mundial e passou a ser associado aos campos da Rússia. O arroz da Ásia se torna mundial. Plantas viciantes despontam: a coca e o tabaco da América.

A minha geração conheceu uma nova onda de trocas. Quando nasci, havia poucas opções de frutas. Desconhecíamos lichia e kiwi. Nunca vi ou experimentei um sushi na infância. Ignorava o que vinha a ser um temaki. Os mercados eram mais locais, e a vontade de experimentar, apanágio da civilização, bem menor.

Receitas também conhecem história. Vi surgir e decair o estrogonofe, o coquetel de camarão, o fondue, a noite de queijos e vinhos... Confesso, constrangido, ter conhecido um indefectível vinho alemão, mais doce do que o mel e mais ordinário do que uma personagem de Nelson Rodrigues. Quantos dos que hoje ostentam sofisticações enófilas têm essa mancha azul no seu passado?

O que leva ao eclipse do coquetel de camarão? Difícil dizer. Deve estar no mesmo lugar onde se acumulam a samambaia de metro e o cacho de uvas com pedras brasileiras na mesa de centro. Comida é sempre história e história é sempre dinâmica.

Uma criança de classe média maneja seus palitos de madeira com destreza e indica, soberana, se gosta ou não que seu sushi tenha manga ou *cream cheese*. Ignora que a mistura possa parecer nipônica, mas é, de fato, rara no Japão. Ali, tudo é uma síntese mundial decorrente de séculos de trocas. Para ela, a comida chinesa é aquela da caixinha, ainda que nenhum chinês a reconheça como sua. Mesmo entre a elegante churrascaria em São Paulo e o hábito gauchesco das coxilhas meridionais vai um abismo enorme. Muda a técnica de assar, mudam os nomes (fraldinha vira vazio) e mudam os modos à mesa. Consomem-se tapiocas com leite condensado como se tivessem nascido juntos. Tudo se mescla numa infinita mestiçagem.

Emergem ortorexias, cuidados extremos com a qualidade nutritiva da comida. O azeite será extravirgem e com acidez inferior a 0,5%, feito de azeitonas colhidas com afeto por camponeses entoando canto gregoriano. Crianças são apresentadas a sucos orgânicos livres de quaisquer coisas trans por pais que cresceram tomando Ki-Suco. O que vem pela frente? A mesa é sempre uma aula de história e comida é definida por impérios e fluxo de mercadorias. Comida (e falta dela) define grupos sociais. Comida está na base das culturas e de muitas rebeliões. Existiria algo mais relevante?

A vida da língua

A língua é um fenômeno vivo. Pertence aos seus usuários e muda constantemente. Esperneiam gramáticos, exasperam-se puristas, descabelam-se professores: ela ignora molduras e flui orgânica nas ruas e famílias.

Há um uso regido pela gramática normativa que estabelece regras. Às vezes, elas são divertidas. Por exemplo: existe uma parte da gramática que trata da produção oral das palavras, ou seja, como pronunciar ou onde cairia a sílaba tônica de cada termo. Você tem dúvida, por exemplo, se deve dizer "rubrica" ou "rúbrica"? Esse setor da gramática resolve. O correto seria pronunciar o "e" fechado ou aberto na palavra "obeso"? Por que eu falei que era um setor divertido? Porque a parte da gramática que trata das dúvidas sobre sílabas tônicas e outras é "ortoepia" ou "ortoépia", ou seja, admite duas formas de pronúncia. Quem deveria me dizer qual a forma correta admite duas formas.

Existe o campo da Linguística, que irritava o solene gramático Napoleão Mendes de Almeida. Ela é ampla e abrange, inclusive, a gramática normativa. Porém, antes de indicar o certo e o errado, analisa a apropriação/construção/produção de sentidos de comunicação para uma pessoa ou para um grupo. Assim, ir "de a pé" ou ser "de menor" não seriam, do ponto de vista linguístico, erros, mas usos com explicação racional para o motivo do desvio da norma culta. Por vezes, é uma tentativa de hipercorreção, como é o caso do emprego de "menas". Figura ser mais correto concordar o gênero e muita gente lasca um "menas pessoas" porque parece contraditório dizer menos. Em outras ocasiões, nossa resistência lusófona ao excesso de consoantes provoca a introdução de uma vogal onde não caberia na ortoepia ortodoxa. Surgem "adevogados", trocam-se "pineus" e o monstro verde irritadiço é o incrível "Hulki". O uso recebe um nome complexo: suarabácti (ou anaptixe), a criação de uma vogal de apoio. A pronúncia "pissicologia" causa-lhe horror, ó meu parnasiano leitor? Como eu afirmei, a língua é viva. O latim *blatta* transformou-se em "brata" e, por suarabácti já consagrado, você tem nojo da barata, a antiga brata. A língua é viva e nada impede que, em breve, carros rodem sobre "pineus".

Nós sintetizamos ("vossa mercê" vira "você" e daí surge o internético "vc"), colocamos vogais, adaptamos, decompomos e refazemos. O império de Napoleão (o gramático) dá origem a muitas pequenas repúblicas, vivas, pulsantes e indiferentes às vestais oficiais e oficiosas do tabernáculo das regras. No sentido empregado por Noam Chomsky, eu preciso de uma gramaticalidade para minha expressão, e nem sempre é a prevista no código napoleônico.

Língua é história. Em 1912, um navio britânico a caminho dos EUA naufragou de forma trágica. A elite brasileira leu sobre o evento e pronunciou o nome do navio como se fosse francês: "Titaniquê", enfatizando a sílaba final e produzindo o gracioso biquinho da francofonia. Ninguém pronunciou com sonoridade inglesa ou traduziu para Titânico. Mais de um século, ainda falamos como se o navio tivesse zarpado de Marselha e sido confeccionado em um porto gaulês. Por quê? A elite brasileira era usuária da língua de Paris. Passadas mais algumas décadas e para os jovens, imersos em um mundo onde o inglês é língua franca contemporânea, a praia francesa se torna algo como "náici", pois Nice sucumbiu ao vagalhão anglófono. Língua é história.

Hoje, a fortaleza da língua de Camões tem um buraco na muralha pelo qual ingleses penetraram aos magotes. Os habitantes de Lusitânia viram uma imigração ilegal poderosa. Somos usuários de um dialeto inglês-lusófono.

Criamos muito. Deletar, por exemplo: não é inglês e não é português. Na origem, uma palavra latina que chegou ao francês e ultrapassou o canal da Mancha. É a nossa tradicional antropofagia, analisada pelos Andrades, Oswald e Mário. Pedem-me *budget* e eu penso na antiga, sólida e útil palavra *orçamento*. A reunião flui assim: "O senhor será keynote speaker e a escolha é em função do seu know-how sobre o modelo ted para CEOs. Faremos um meeting de alinhamento para que os links da performance atendam aos itens do ranking apresentado e que colocamos no site. Depois, encerramos com um brunch para reforçar network nesse kickoff. Ok, professor?". Eu respondo: "Yeahhh!" Parecemos Zeca Baleiro ("Samba do Approach"): "Toda hora rola um insight/Já fui fã do Jethro Tull/Hoje me amarro no Slash/Minha vida agora é cool/Meu passado é que foi trash... [...]".

Estamos próximos de Salvatore, a personagem ensandecida de *O nome da rosa* que misturava todas as línguas na imaginação de Umberto Eco. Às vezes, é uma palavra emprestada, por vezes uma construção frasal que guarda a marca de outra língua.

Não adianta solidificar uma armadura que defenda o português. O ataque não é externo, é opção dos cidadãos de dentro. Podemos insistir que ludopédio seria mais correto, futebol está consagrado e ponto. O chá da academia será acompanhado de *cookies* e de *cupcakes*. A língua pode até morrer um dia, mas nós, seus usuários, partiremos antes. Isso assusta ou consola? *Good luck!*

Armadilhas da inteligência e da fé

Sóror Juana Inés de la Cruz é o maior nome das letras mexicanas do século XVII. É autora pouco conhecida no Brasil. Seu mais famoso poema, "Homens néscios", é analisado por quase todo estudante da língua espanhola. Na obra, a religiosa acusa os homens de duplicidade: não sabem se querem mulheres recatadas que recusem assédio ou as que dizem sim às investidas. Quando uma aceita ser cortejada, o homem a repudia como fácil (ou com qualificativos piores). Caso ela resista bravamente ao avanço, é tachada de fria ou mal resolvida. Em plena Cidade do México colonial, a escritora denuncia a perene duplicidade masculina de projetar nas mulheres sua própria tolice.

Juana era uma mulher bonita e de brilhantismo incomparável. Nascera em situação ambígua para os rígidos padrões oficiais do mundo de então. Filha da Igreja, ou seja, gerada dentro de uma relação não oficial, demonstrou um precoce e intenso gosto pela leitura e pela escrita. Dizem ter aprendido latim em velocidade assombrosa: 20 lições. Tinha forte talento poético. Escreveu peças que chegaram a ser representadas em plena Madri, capital do império. Era talentosa, mas, para o mundo mexicano da segunda metade do século XVII, tudo isso era nublado por ser mulher e filha ilegítima.

Não tinha condições de um bom casamento pela "mancha de origem". Acabou entrando para o convento das jerônimas, pois seu objetivo era estudar. Leitora voraz, escritora prolífica, hábil na confecção de doces (com o auxílio de uma escrava) que vendia para obter mais livros, instrumentos científicos e musicais, Sóror Juana foi uma personagem atípica em um mundo masculino e oprimido pela censura. Sua fama crescia a cada ano e suas boas relações na corte vice-reinal despertavam temores e invejas.

Ousada, a monja discordou, em público, de um sermão do Padre Vieira, o famoso jesuíta do Império Português. A chamada "Carta atenagórica" (porque digna da sabedoria da deusa Atena) fez sucesso e escândalo, especialmente porque uma freira fazia críticas teológicas a um padre. O poema "Primeiro sonho" (de complexa leitura), a peça chamada *Auto do divino Narciso*, o popular e já referido "Homens néscios" e a "Carta atenagórica" constituem um bom recorte para conhecer a obra da chamada décima musa ou a Minerva da América.

Há alguns anos, coordenei um grupo de estudos na Unicamp baseado na biografia escrita por Octavio Paz: *Sóror Juana Inés de la Cruz: as armadilhas da fé*. O autor é um prêmio Nobel reconhecido pelo talento literário. Trata do mundo dos conventos, da vida cultural, de tudo o que constituiu o mundo do vice-reinado da Nova Espanha.

Em posicionamento analítico muito distinto, Angel Rama afirma, em *A cidade das letras*, que Sóror Juana e suas peças e arcos triunfais eruditos, juntamente com autores como Carlos de Sigüenza y Góngora, constituíam um "anel" de proteção e legitimação do poder colonial. O mundo erudito da corte era uma maneira de tornar o poder válido, cercado por aura de uma competência e inteligência única.

A Netflix lançou uma série com a vida de Sóror Juana Inés de la Cruz. A criação de Patricia Arriaga-Jordán foi elaborada para o canal Once (México). O enfoque destaca algumas questões que biógrafos discutem. Qual foi a relação da religiosa com a vice-rainha, María Luisa Manrique de Lara y Gonzaga, esposa do vice-rei Marquês de la Laguna? Seria uma relação amorosa? Há posições variadas. A série insiste, taxativamente, que sim.

A leitura do passado é sempre um diálogo com valores presentes. Os episódios roçam em temas como percepção da igualdade de gêneros, o feminismo e a posição crítica com exercícios de fé barroca estranhos ao nosso universo. O olhar atual para um flagelante é sempre de comiseração horrorizada, já que nossas formas de punição e sacrifício são outras. Revela, assim, a duplicidade de toda série histórica: serve para nos conhecer e ao passado.

Talvez, com um pouco mais de verba, a equipe da série poderia ter feito tomadas externas de cenas maiores, como procissões, autos de fé e da própria Catedral do México. Domina o plano interno e os diálogos com poucas pessoas. Mesmo assim, as imagens tornam-se obrigatórias para os apaixonados pela obra da autora.

Toda obra é uma coleção de liberdades poéticas e de composição de personagens. O austero arcebispo Aguiar y Seijas nunca visitou o convento das jerônimas e não poderia oferecer a Juana a possibilidade de deixar de ser freira, como mostra o episódio final. A escolha é uma opção atual, relida de forma psicologizante.

O fim da biblioteca da intelectual, mais de quatro mil volumes (algo extraordinário para a época), é alvo de debates. Teria ela sido forçada a vender sua coleção ou agiu assim por estar coberta de pudores e escrúpulos religiosos?

O tema é vasto. Inés não era uma feminista nem uma crítica da Igreja. São máscaras póstumas que vamos colocando de acordo com necessidades contemporâneas. Inés era Inés: uma mulher brilhante, linda, cheia de conflitos em um mundo complexo, submetida a fios que urdiam a ela, ao arcebispo e ao seu confessor. Parte disso é a armadilha da fé que Octavio Paz descreveu: ser freira possibilitou muita coisa e a impediu de outras. Essa é a situação de cada um de nós: tudo que nos nutre também nos mata. O mérito da angústia de Inés é que a transformou em páginas brilhantes. A desgraça é que a nossa angústia só dá insônia e azia.

O que é ser conservador?

Decidi atender a um pedido de algumas pessoas para tentar definir o que viria a ser um conservador. O campo é gigantesco e, claro, daria espaço para um texto mais desenvolvido do que esta crônica. Pretendo apenas indicar algumas linhas e bibliografia sobre o conservadorismo e despertar o interesse pelo conhecimento do campo. Você que é conservador e quer aprender mais sobre sua posição, você que está mais à esquerda e deseja conhecer a cabeça do outro time e, por fim, você que ainda não tem bem certeza do que é politicamente: todos podem aproveitar estas curtas linhas.

Poderia voltar mais no tempo, mas inicio o conservadorismo político pela obra de Edmund Burke: *Reflexões sobre a Revolução na França*. Situemo-nos: o ano é 1790. A Revolução mal completou um ano e o autor do outro lado do canal da Mancha já vê nela uma sementeira de problemas.

Primeira lição: o conservador desconfia de saltos, de rupturas, de processos violentos que destruam o consuetudinário, ou seja, a tradição dos costumes. Burke acredita que a França (que ainda era uma monarquia quando ele escreveu) substituiria a tirania de um rei pela opressão de um grupo político.

Para Burke, a sociedade é um contrato entre os habitantes do presente e os do passado e futuro. Não tenho direito de destruir tudo que recebi e não tenho direito de violar o futuro com uma ruptura revolucionária. Segundo o irlandês, a tirania gerada pela revolução seria baseada mais na inveja dos bens alheios do que no sentimento de justiça. O conservador crê na conservação: a tradição, o sistema jurídico e a evolução lenta das leis e dos costumes. A desigualdade entre os humanos seria um dado natural e nunca poderia ser eliminada completamente. O conservador pouco acredita na perfectibilidade do humano. Ninguém pode se dizer um conservador de verdade sem ter analisado a obra de Edmund Burke.

Falei de um clássico, mas recomendaria iniciar a jornada com um pequeno livro de João Pereira Coutinho: *As ideias conservadoras explicadas a revolucionários e reacionários*. O autor português estabelece uma crítica a dois polos: o reacionário que inventa uma ordem perfeita no passado para a qual deve retornar, e o revolucionário que cria uma ordem perfeita à frente para a qual deve avançar. Importante: o conservador pode ser conservador politicamente e liberal (ou até vanguardista) em termos de liberdade pessoal. Assim, um conservador que tradicionalmente resiste à interferência do Estado na economia ou no controle do cidadão, pode defender a união civil de pessoas do mesmo sexo. O conservadorismo, indica Coutinho, volta-se à defesa do indivíduo e da sua liberdade.

Nessa direção, o livro *Por que virei à direita* reúne textos de João Pereira Coutinho, Luiz Felipe Pondé e Denis Rosenfield e é uma boa leitura introdutória sobre o pensamento conservador.

Na obra de João Pereira Coutinho está citado um pensamento basilar de Michael Oakeshott: "Ser conservador é preferir o familiar ao desconhecido, o testado ao nunca testado, o fato ao mistério, o atual ao possível, o limitado ao ilimitado, o próximo ao distante, o suficiente ao abundante, o conveniente ao perfeito, o riso presente à felicidade utópica". (em *Rationalism in Politics and Other Essays*). Em resumo, o conservador não crê que os seres humanos possam ser perfeitos em sociedades harmônicas e igualitárias. Para ele, a realidade contraria a utopia. Reafirmando Burke, nossa desigualdade seria estrutural e só superável por processos lentos, metódicos, sem rupturas. Ao Estado caberia, no máximo, evitar o inferno, nunca garantir o paraíso.

Para acompanhar essas ideias, o livro *The Conservative Mind: From Burke to Eliot* (obra de 1953) faz uma lista dos pensadores e das suas ideias conservadoras. Completam bem esse campo os textos de Isaiah Berlin: *Estudos sobre a humanidade* e também o clássico *Ideias políticas na Era Romântica*.

No curso que dei na Unicamp sobre conservadorismo, também analisei a obra de Thomas Sowell: *Os intelectuais e a sociedade*. O autor norte-americano faz uma pesada crítica aos intelectuais, especialmente os de esquerda, alegando que falam sobre todos os temas sem os conhecerem de fato. Os intelectuais, ao contrário de engenheiros e médicos, não precisam verificar suas ideias e, no fundo, dizem o que a maioria ressentida desejaria ouvir. Economista e negro, Sowell representa a tradição de desconfiança do Estado. Sowell deve ser acompanhado do texto *O que é conservadorismo*, de Roger Scruton.

Há muitas outras obras. Não tenho espaço para destacar a excelente análise de Gertrude Himmelfarb ou o pensamento de Alexis de Tocqueville e Thomas Hobbes sobre Estado e indivíduo. Lendo essas e muitas outras fontes, refletindo e criticando, você poderá definir sua postura e aprofundar seu viés político. Observe o mundo ao seu redor, analise pessoas e ideias, leia muito e defina sem preconceitos, por você mesmo, o que é um conservador e por que ele é diferente de um reacionário ou de um revolucionário. Ler e pensar dá um pouco mais de trabalho do que berrar palavrões em rede social.

Amo Carnaval

Só danço para acasalamento e, ainda assim, de forma pouco graciosa. Isso ajuda a explicar a escassez de acasalamentos recentes. Só bebo vinho tinto e minha resistência limita-se a duas taças. Tenho dificuldades em me alcoolizar. Uma noitada em claro hoje, para mim, é um sofrimento. A farra estraga o dia seguinte, o corpo se ressente, a mente fica turvada. Amo o Carnaval. Contradição?

As estradas lotam. Os hotéis inflacionam suas tarifas. Locais paradisíacos ficam mais próximos do inferno com uma multidão de foliões. Uma vez, na mágica Olinda, um guia me disse que as casas alugadas no Carnaval eram tomadas por blocos ao amanhecer. Os invasores despertavam foliões que tivessem ousado dormir. Eu pensei: "E alguém paga para isso?". Amo o Carnaval.

A televisão mostra desfiles intermináveis. O impacto visual é grandioso. Os corpos são perfeitos, o samba toca com o ritmo das batidas cardíacas e a criatividade é intensa. Porém, para um não especialista como eu, há uma semelhança notável nos desfiles de todos os anos. Olho para aquilo com o tom que um aluno, há muitos anos, analisou uma série de cantos gregorianos que usei para ilustrar uma aula sobre a Idade Média: "Professor, é tudo igual!" Sei que ele, não distinguindo modos (dórico, frígio etc.) e não percebendo cadências do cantochão, só poderia ver linearidade repetitiva. Provavelmente, minha ignorância sobre samba produz algo similar. Amo o Carnaval.

Afinal, o que ama em uma festa alguém que acaba de dizer que não gosta de quase nada dela? Amo isso que eu e você estamos fazendo, caro leitor e querida leitora. Amo um domingo mais livre, com a cidade quase despovoada, com uma paz intensa que permite ler seu jornal em papel ou na tela com uma tranquilidade distinta do usual. Amo esta pasmaceira de feriado, ir ao cinema, adentrar restaurantes ermos, andar pela cidade de São Paulo com sua humanidade restaurada e árvores que farfalham livres do tsunami humano. Amo o Carnaval.

São Paulo foi tomada de uma solene alegria silenciosa. Claro que há carnavalescos aqui, que o digam pessoas da Vila Madalena ou próximas a escolas de samba. Mas, como um todo, temos uma espécie de Nova York do filme/livro *Eu sou a lenda*. Na obra, a personagem central vaga por uma metrópole deserta na qual ele é o senhor, ao menos durante o dia. Faltam apenas aqueles arbustos secos dos filmes de faroeste clássicos, rolados pelo vento em meio ao nada, para caracterizar a desolação maravilhosa.

Detesto aqueles intelectuais tradicionais que torcem o nariz para o samba. Poucas coisas são tão vivas e criativas como nosso samba. É uma festa para os olhos ver um casal sabendo sambar e o fazendo com entusiasmo. A vida exsuda por todos os poros. Admiro toda pessoa que dança com vitalidade. Minha inépcia patética na arte não invalida nada, pelo contrário, destaca que não basta querer para ter desenvoltura.

Atendidos aos justos reclames dos filhos de Momo que poderiam se sentir desprezados pela minha distância, volto ao meu refúgio: São Paulo no Carnaval. Como combinar duas coisas excludentes? A força da cidade grande (com sua variedade de cinemas, teatros e restaurantes) com a paz da cidade pequena? Como fazer a vida ser menos estressante sem que seja monótona? Como viver sem tédio? Como ser metraldeia (metrópole com aldeia) ou vilalópole (vilarejo com metrópole)? Pois bem: esta é São Paulo no Carnaval. Cruza-se o melhor de dois mundos. A vida sem filas é a vida de verdade. Funciona como no filme *O feitiço de Áquila*, de Richard Donner (1985). Na película, pela maldição de um bispo corrupto, o chefe da guarda vira um lobo à noite, e a linda Michelle Pfeiffer, um falcão durante o dia. Apenas na transição da luz solar, o lobo quase homem toca na mulher quase falcão. São Paulo no carnaval é esse crepúsculo. Temos a vitalidade do lobo em um espaço urbano imenso e a graciosidade da falcoaria.

Os jornais foram lidos com vagar e prazer. Cada refeição ganhou foro de festa de Babette. Toquei Bach e cada nota pareceu ecoar na sala de forma mais sofisticada do que a singeleza do meu piano e o limite do meu talento pareceriam indicar. Abri um vinho das encostas do Ródano com referência aos papas que lá moraram. Fui ao cinema. Li muito, muito mesmo. Estudei um tema complexo para minhas aulas e tomei notas por horas. Comprei coisas no super como quem frequenta o Gran Bazar de Istambul, olhando o colorido, conversando, tomando ameixas por turquesas e rabanetes por rubis. Só existe imaginação quando o tempo flui sem controle e o meu relógio entrou em coma na sexta. Há endorfinas em excesso até a Quarta de Cinzas. Amo muito, intensamente, apaixonadamente, o feriado de Carnaval.

Discorda? Prefere pegar estrada? Ir ao litoral, em um clube com marchinhas ou sendo despertado em Olinda? Parabéns. Continue assim. Convença mais gente da alegria disso e, nos próximos anos, aumente o êxodo. Eu continuarei aqui, tão feliz que, confesso, tenho vontade de uivar para a lua esta noite. Não haverá problema: a alcateia está longe. Quarta sempre chega a Quaresma e gente voltando. Até lá ouvirei a cantata do silêncio e, talvez, dance um pouco, só para acasalar.

O fantasma de Stalin

Vamos retroceder um século. Em março de 1917, foi derrubado o czar Nicolau II e começou a Revolução Russa. Ela transformou a face econômica do país. O perfil agrícola das estepes deu um salto nas décadas seguintes para uma potência industrial. Os planos quinquenais transformaram a Rússia em um dos grandes produtores de aço do planeta. A população passou de um governo autoritário dos czares para um governo autoritário de comissários do povo. As coletivizações forçadas no campo levaram a fome a áreas produtivas. O genocídio na Ucrânia (Holodomor), as repressões políticas, os campos de concentração e prisões para dissidentes (Gulags) trouxeram a morte para milhões.

A Revolução Russa teve um efeito imenso sobre o Ocidente. No ano de 1917 e subsequentes, muitas greves e agitações de trabalhadores marcaram lugares tão distantes como Madri e Nova York. Eram os anos "vermelhos". Em 1917, com visível orientação anarquista, explodiu em São Paulo uma das mais significativas greves operárias da história do país. Nos anos seguintes, começaria um declínio do chamado socialismo libertário. A ortodoxia soviética viera para ficar.

De muitas formas, a legislação trabalhista foi pensada no Ocidente para conter a sedução do comunismo. No caso específico do Brasil, Getúlio incorpora o Primeiro de Maio como data oficial, concede vários benefícios e controla os sindicatos. O mesmo Vargas mata e tortura militantes comunistas. Havia uma luta para absorver e liderar a causa operária.

Hoje, contemplamos a Revolução Russa com o olhar crítico pelo Estado totalitário que se seguiu e pelo custo em vidas. Não era assim em 1917. Para muitas pessoas, desabrochava a esperança em Moscou. A opressão czarista fizera eclodir um movimento original e poderoso de libertação. Grandes pensadores, artistas e jornalistas apregoavam que o futuro raiava e o sol, como sempre, vinha do Oriente. Caio Prado Júnior, Tarsila do Amaral, o jornalista John Reed (autor de *Dez dias que abalaram o mundo*) e outros escreviam e depunham sobre um mundo sem diferenças sociais, sem miséria nas ruas, com entusiasmo popular. A cenografia demorou a cair. Em parte, pareciam as histórias das quase míticas aldeias modelo (*Potemkim villages*) que encantaram a czarina Catarina, a Grande. Alguns intelectuais repetiram a experiência na URSS do século XX. Quase sempre vemos o que outros mostram ou nós mesmos desejamos ver.

O fato de a miséria e de a desigualdade no capitalismo ocidental serem enormes ajudava a compor o encantamento. Operários explorados, bolsões de cortiços por todo lado, governos que oprimiam trabalhadores: o Ocidente era a realidade, a Rússia, a utopia. A nascente URSS assomava como um novo mundo contra o decadente universo capitalista do pós-Grande Guerra. Em 1917, o capitalismo matava nas trincheiras da Europa e nas colônias. O socialismo tornava-se a resposta errada para uma crítica correta.

A cegueira sobre o que ocorria na URSS foi notável. Raymond Aron afirmou (*O ópio dos intelectuais*) que a sedução socialista funcionava como um elemento viciante, um ópio, uma maneira de perturbar a visão. Abandonar vícios sólidos é um desafio, especialmente para formadores de opinião.

Após a Segunda Guerra, o prestígio soviético ainda estava em alta. Stalin era a grande força militar que derrubara o nazismo. A resistência dos russos na batalha de Stalingrado fora épica. Houve solidariedade mundial ao sofrido povo da cidade das margens do rio Volga. Carlos Drummond de Andrade fez um poema: "Stalingrado, miserável monte de escombros, entretanto resplandecente! As belas cidades do mundo contemplam-te em pasmo e silêncio". Havia conteúdo romântico na admiração. Poucos destacavam que era um enfrentamento de morte entre dois Estados totalitários: o nazista e o soviético.

A invasão da Hungria (1956) inaugurou uma mudança. A desestalinização promovida após a morte do "pai dos povos" tornou pública a lista de crimes do georgiano. Sartre escreveu *O fantasma de Stalin*, um petardo contra o modelo autoritário do socialismo soviético.

Custou a muitos sair da zona de conforto da crença. Um recurso paliativo foi destacar que a URSS era um desvio do ideal socialista. O verdadeiro socialismo estaria em lugares como a Albânia ou na Revolução Cultural de Mao. Esta última encantava manifestantes em Paris e matava centenas de milhares de jovens na China. O socialismo tinha virado um projeto mais interessante nos cafés do Quartier Latin do que em Pequim ou Moscou.

Em 1917, a Revolução Russa tinha começado a mudar o mundo. Simpatia ou antipatia pelo socialismo altera pouco o fato de aquele ano ser um imenso marco histórico. A saída da Rússia da Grande Guerra, a tentativa de expansão do socialismo pelo mundo, a decisiva participação soviética na Segunda Guerra, a legislação trabalhista no Ocidente, a Revolução Chinesa e a Guerra da Coreia: quase tudo tem origem nos fatos decorridos dessa data.

Matamos em nome do capital e em oposição ao capital. Matou-se em nome de Deus e matou-se em nome da negativa de Deus. Houve genocídio no Congo pelo capitalista e católico rei Leopoldo da Bélgica. Houve genocídio na Ucrânia pelo ateu socialista Stalin. Parece que matar é um prazer acima do modelo político ou da opção religiosa. O ano de 1917 também originou um choque ideológico profundo entre o capitalismo e o socialismo. Na Europa, a queda do Muro de Berlim e o fim da URSS marcaram o fim da Guerra Fria. No Brasil, pelo contrário, descobrimos há pouco os prazeres da discussão de um mundo bipolar. A Revolução Russa é uma senhora centenária. Nossa Guerra Fria é um adolescente mimado e esperneante.

Tornar-se mulher

A fêmea, na espécie humana, é tratada como um tema especial. A base da singularidade do feminino está assentada na consciência masculina que elaborou grande parte da representação das mulheres.

Temas ligados ao corpo feminino, como o aborto, foram legislados por homens, e pior, homens com voto formal de celibato. Apesar da imaginação do meu saudoso amigo Moacyr Scliar, a Bíblia foi escrita por homens. Em Êxodo 20, 17, lemos: "Não cobiçarás a casa do teu próximo, não cobiçarás a sua mulher, nem o seu escravo, nem a sua escrava, nem o seu boi, nem o seu jumento, nem coisa alguma que pertença a teu próximo". Enumeram-se bens interditados à cobiça alheia: casa, mulher, escravos, bois e jumentos. Seria ordem crescente ou decrescente de importância na visão do autor?

Deus tem identidade masculina na língua criada por homens. Suas imagens são sempre do macho da espécie. Todo teólogo dirá que Deus não tem gênero ou forma e, sendo assim, nada impede que seja representado com seios, tão equivocados na iconografia quanto a barba. Deus é mulher no filme *Dogma*, de Kevin Smith (1999). Alanis Morissette encarna a figura da Toda-Poderosa na obra. Na peça teatral *O topo da montanha*, Katori Hall revela, pela boca da camareira-anja, que Deus é "Ela" e, momento lindo na interpretação de Taís Araújo, a divindade é negra e tem um "cabelão"... Trata-se de um gesto político, como foi político Michelangelo pintar o Onipotente como homem na Capela Sistina. As imagens de Deus falam muito sobre o humano.

A opção gramatical de gênero é questão menor, mas significativa. A língua determina, por exemplo, o predomínio do masculino na enumeração de itens. Se eu falar de 35 meninas numa sala e, no meio, incluir um João, são eles, os meus alunos, que surgem gramaticalmente. Há questões mais graves. Um homem sexualmente ativo recebe denominações positivas: tigrão, garanhão ou galo. Uma mulher em idêntica situação é galinha, vaca ou piranha, animais com menor associação positiva. A língua, reflexo vivo daqueles que a usam, apaga o feminino de forma tão antiga e repetitiva, que achamos que isso é natural e atemporal. Lembro-me de algo bizarro: quando criança, li o romance *Éramos seis*, assinado pela senhora Leandro Dupré... Aqui, a talentosa Maria José desaparecia até no nome.

O preconceito contra a mulher, a misoginia, é sólido e universal. Contaminou outros preconceitos. Vejamos: um homem homoafetivo é mais discriminado quando é mais feminino. Perdoa-se com mais indulgência um gay como Rock Hudson do que um que se vista como ou que aparente ser mulher. É provável que a homofobia esteja contaminada por algo anterior e mais vasto, a misoginia. O defeito é ser mulher. O filme *O segredo de Brokeback Mountain*, de Ang Lee (2005), foi algo novo ao trazer cowboys masculinos, casados, com filhos e... completamente apaixonados um pelo outro. Parte do sucesso da obra é este: tolera-se melhor que sejam gays, desde que não aparentem o feminino.

Quando o Enem de 2015 trouxe uma frase conhecida e antiga de Simone de Beauvoir, causou alvoroço. "Não se nasce mulher, torna-se mulher" foi a afirmação que amotinou algumas pessoas que descobriram, enfim, a ideia escrita 62 anos antes. Beauvoir adota uma posição que existe há mais tempo ainda: o biológico feminino não é óbvio, mas parte de um processo que envolve elaboração cultural de uma identidade feminina. O tema continua dilacerando o fígado de muita gente. Para quem acredita que ser mulher ou ser homem são dados da natureza e evidentes, recomendo ganhar algum tempo assistindo ao delicado filme de Lucía Puenzo, *XXY* (2007).

Há avanços notáveis na consciência da questão. A Lei Maria da Penha trouxe à tona a extensão assustadora da violência doméstica. Enquanto o governo autoritário de Putin na Rússia retrocede e flexibiliza mais a tolerância ao espancamento de mulheres, o Brasil continua dando passos, insuficientes, mas reais, para mudar a situação. O Instituto Maria de Penha sofre com a falta de verbas e necessita do nosso auxílio. Caso deseje conhecer o trabalho dessas/desses ativistas, sempre é tempo para fazê-lo.

Quanto mais frágil a sociedade julga ser uma pessoa, mais a atacará. As mulheres negras, estatisticamente, sofrem ainda mais do que as brancas. Misoginia e racismo são um cruzamento desastroso. Mulheres apanham todos os dias e, quase sempre, a agressão parte do companheiro. Existe uma cultura do estupro que consegue elaborar a frase mais canalha já criada pela nossa espécie: a culpa estaria na insinuação feminina. O racismo já é crime inafiançável (embora se condene menos do que se deveria por esse tipo de comportamento inaceitável). Já a incitação à violência contra a mulher infelizmente ainda não é crime da mesma força, é apenas falta de cérebro e de caráter que gera morte, dor e traumas.

Há uma longa estrada pela frente. Inicie, talvez, vendo o site do Instituto Maria da Penha e o filme que recomendei. Depois, poderemos discutir nossa linguagem. Por fim, resta eliminar o monstrinho misógino que habita em homens e mulheres. Todos ganharemos com isso. Descobriremos, enfim, que lugar de mulher é onde essa mulher desejar estar.

A consciência dos insetos

"A vida é só uma sombra: um mau ator que grita e se debate pelo palco, depois é esquecido; é uma história que conta o idiota, toda som e fúria, sem querer dizer nada." Assim Macbeth define, de maneira sombria, a existência humana, na tradução de Barbara Heliodora. A melancolia cínica do escocês tem de levar em conta o momento: ele acaba de receber a notícia da morte da esposa. As frases não traduzem apenas a dor do viúvo. Elas trazem três afirmações duras: a vida é passageira, é ruim e não apresenta nenhum sentido.

Há opositores da ideia. Para ficar no universo shakespeariano, a personagem Falstaff surge em várias peças com seu apetite imbatível, seu humor permanente, encarnando sempre o conviva agradável e otimista que nos libera do peso da censura pela entrega ao álcool e aos instintos. Fernando Pessoa disse que ele tinha o "amor gorduroso da vida".

É bom congelar personagens polares: Macbeth deprimido nas charnecas e Falstaff rindo e bebendo ao Sul. Shakespeare é maior do que isso. O usurpador do trono escocês luta até o fim pelos seus objetivos e não perde chance de reforçar que tem a coroa e a vida, porque nenhum homem nascido de ventre feminino poderia matá-lo. O nobre que expressou o despojamento absoluto da metafísica morreu lutando porque acreditou em profecias. No outro canto do ringue, Falstaff, que passou a juventude com o príncipe herdeiro, é abandonado pelo companheiro de farras quando Hal é obrigado a assumir o papel de Henrique V. O festeiro termina desiludido e o melancólico morre lutando e tentando reverter a derrota.

Os religiosos têm um argumento pronto e completo sobre a vida: tudo tem um sentido porque foi criado por Deus. Uma das forças da religião é esta: apresenta um leque universal de motivos para cada dor e cada alegria. Nunca houve resposta mais ampla e consoladora do que a da fé: você pode não entender, mas um divino mentor estabeleceu assim. Como notaram Sartre e Dostoievski, o custo do amparo é a limitação da ideia de livre-arbítrio. Subjetivamente, creio que o que a religião entrega como explicação é muito superior ao que ela possa negar como valor. Isso justifica o sucesso do pensamento que mira no plano divino o sentido de tudo, primeiro motor e destino final das nossas angústias e desejos.

Estou voando alto. Quero voltar ao solo. Não vamos pensar nas linhas amplas e majestosas da humanidade. Ignoremos o conceito geral de felicidade, as altitudes do trono escocês, as platitudes da mesa do jovem príncipe em Londres. Falemos da nossa vida linear, repetitiva, tecida no macramê do desejo e da frustração.

Viver pode ser definido como repetir. Você acordou, enrolou um pouco ou muito no leito, comeu algo, usou o banheiro. Com sorte, encontrou os mesmos rostos familiares pela casa (quem tem filhos jovens, por vezes, tem surpresas com anônimos andando pela cozinha como sombras infratoras do sexto mandamento). Vai tomar um banho, almoçará de forma mais ritualística se for domingo, terá uma queda de entusiasmo no início da noite, dormirá e, no dia seguinte, com sorte, irá para seu trabalho. Quando você se der conta, terá o fim de tarde da sexta-feira e a alegria o tomará. No domingo, provavelmente, recomeçará o ciclo descrito.

Semana após semana, ano após ano, até o fim, só que cada vez com menos saúde. Para tornar palatável essa descrição insuportável, teremos feriados, viagens e alegrias. É possível que o rosto anônimo da madrugada da sua casa tenha virado genro ou nora e, pelo menos, agora, tenha um nome. Mais festas, mais alegrias, decepções recorrentes, novos começos e muitos finais. Recomeça tudo, cada vez com menos saúde.

Para evitar o desgaste de existir, criamos explicações sobre sentido, convenções culturais, frases de ânimo e medicamentos. E se, por um minuto, pensássemos que a dolorosa doença da depressão, tão forte e complexa, não fosse uma doença? E se, para aumentar nossa consciência, imaginássemos que o deprimido, na sua dor dilacerante, fosse uma espécie de iluminado, alguém que saiu da caverna platônica de imagens falsas? E se o desalentado fosse o sadio e aqueles que riem, que se levantam com energia, que enfrentam adversidades com esperança fossem, na verdade, os desequilibrados? Diante da dor constante de ser, bem definida por Hamlet no seu monólogo mais famoso, será que aqueles que não sentem desespero total seriam os verdadeiros doentes?

Não deixa de ser estranho que o ser com maior consciência na obra *A metamorfose*, de Franz Kafka, tenha sido aquele que se viu transformado em enorme inseto. Ora, sua irmã, seu chefe e outros que chegam à porta estão imbuídos do dever e da normalidade da vida. O único com consciência e inteligência, Gregor Samsa, sofreu a metamorfose para algo que a tradição inventou como uma barata. Também é uma barata que habita uma das partes mais fortes de *A paixão segundo G.H.*, de Clarice Lispector. Ali, no ser fugidio, de vida breve, estaria sintetizado o medo de que a existência não seria o inseto nojento, mas apenas um reflexo da nossa inutilidade. Seríamos baratas mais sofisticadas, asseadas, com valores e com Deus? É uma pergunta incômoda.

Os idos de março: prudência é covardia?

Um adivinho havia dito: cuidado com os idos de março! Os meses começavam com a lua nova, as calendas, de onde deriva nossa palavra calendário. No meio do mês assinalavam-se os idos. O general ignorou a advertência e também fez ouvidos de mercador ao sonho ruim da esposa. Os sonhos eram um depósito de verdades cifradas, como aconteceu, depois, com a mulher de Pilatos. Calpúrnia estava correta e seu marido deveria ter ouvido. Um senador presente a casa dela ironizou a crença mágica. Júlio César compareceu ao Senado e lá foi assassinado, a 15 de março do ano 44 a.C. O mais famoso atentado político da história mudou o destino de Roma.

A morte de César levaria a uma nova guerra civil e dela emergiria, lentamente, seu sobrinho-neto: Otávio, futuro Augusto. O tio-avô foi assassinado pouco antes de completar 56 anos. Otávio tinha apenas 19 anos quando as punhaladas ocorreram. No futuro, os meses nos quais nasceram Júlio César e Augusto teriam os nomes mudados para julho e agosto. De onde saíram esses dias? Do sacrificado fevereiro, cada vez mais nanico e exótico diante dos outros 11 companheiros. Tem de tirar? Tira de fevereiro! Tem de enxertar? Coloca o bissexto em fevereiro. Literalmente, nasci num mês alvo de *bullying* de calendário.

Voltemos ao leito da História. César teve indicativos claros de que havia um complô. Foi informado várias vezes antes do sonho de sua terceira esposa. Marco Antônio ficara temeroso. É provável que o sucesso seja o pior conselheiro de todos. A carreira do militar tinha sido marcada pela coragem. Ele avançou e chegou ao ponto em que estava porque havia sido ousado e enfrentara o medo e os detratores. Assim fora na longa campanha da conquista da Gália. Fosse prudente e Vercingétorix estaria vivo e com poder. Imortalizou a frase "a sorte está lançada" ao cruzar o rio proibido e avançar com tropa sobre Roma, ignorando um tabu jurídico. Tinha conquistado uma aliança com a improvável Cleópatra e gerado um filho no ventre da rainha greco-egípcia. Tinha enfrentado Pompeu e Crasso, membros astutos e mais ricos do seu Triunvirato. Sobrevivera porque era intimorato e não fazia o que os outros esperavam. Era um líder mirando além do horizonte.

A atitude de César contém a semente da ousadia de toda liderança forte. Fora assim Alexandre, o Grande. Seria assim com Napoleão. Não haveria a derrota dos persas pelas tropas do macedônio ou o fracasso das forças austro-russas diante do corso se houvesse medo, prudência ou fidelidade à matemática dos exércitos. O líder pula essa parte, ousa, enfrenta o risco e segue. Considerações racionais formam o bom escriturário. Ousadia cria Césares, Alexandres e Napoleões.

Ora, a coragem que seria louvada tanto tempo depois costuma levar a uma sequela permanente: a cegueira, filha legítima e direta da confiança. César mirou num controle do mundo a partir do seu trono de ouro no Senado. Olhou tão alto que desconsiderou as heras venenosas que lançavam gavinhas minúsculas sob seus pés. Descortinava a glória eterna e desconsiderava a inveja doméstica. Alexandre imaginou que todo o seu exército teria o entusiasmo que ele tinha para conquistar além. Ele estava comprometido com a eternidade, seus soldados com o soldo, a comida e as famílias saudosas. Napoleão saiu de Elba supondo que o mundo seria seu como sempre fora. Há o risco de Waterloo para toda vitória. O drama é que o líder vai criando confiança em vitórias precedentes e supõe que o medo seja coisa de derrotados. Foi o argumento de Hitler contra os generais: "vocês diziam que não era hora de atacar a França e eu ataquei e fui vitorioso. Agora dizem que não se deve atacar a URSS e eu irei atacar!" Bem, os generais erraram na França e acertaram na URSS. A decisão foi um desastre absoluto e o início da derrocada do Terceiro Reich.

Parece que a vida deveria ter duas personagens distintas. No campo empresarial, uma seria aquela que constrói o patrimônio, outra, aquela que, após o sucesso, usufrua dele. Geralmente, o mesmo espírito de acúmulo e prudência que marca a construção das fortunas impede que o fundador faça pleno uso dela. Gastar será tarefa dos filhos, noras e genros. O mesmo ocorre com generais vitoriosos. Conquistam confiança e acertam muitas vezes. Vão perdendo o medo, um conselheiro fundamental, e ousando cada vez mais até que recebem punhaladas do destino ou dos assessores. O problema de estar num posto elevado é que as pessoas só dizem o que se deseja ouvir.

Júlio César, o ousado, chegou ao cume porque era destemido. Foi assassinado pelo mesmo motivo. Ouvir ou ignorar a fraqueza? Como saber em que momento a prudência se torna covardia? Qual a linha que separa o justo temor da fraqueza? Se você tem essa dúvida, parabéns. Os que não tiveram erraram bastante. Entre a prudente estratégia de Dédalo de voar baixo e o enfoque inovador-kamikaze de Ícaro, temos de construir vidas bem mais pacatas. Quem aqui teria sangue de heróis?

O silêncio de tudo

Haverá alguém que escute nossas orações? A pergunta é tão dura que o religioso a afasta com prontidão. O livro *Silêncio*, de Shusaku Endo (1923-1996), discorre sobre a primavera cristã do Japão, no século XVII. O autor, católico, é considerado um dos expoentes da literatura do país do pós-guerra.

Após a chegada dos portugueses e de missionários brilhantes como São Francisco Xavier, parecia que os japoneses seriam cristianizados em poucos anos como muitos indígenas o foram na América Ibérica. Tudo veio abaixo com a repressão e o fechamento do país pelo xogunato. Sobreviveram vestígios da outrora florescente comunidade de cristãos ao redor de Nagasaki: os kirishitan.

A história é forte. Um renomado teólogo jesuíta, padre Cristóvão Ferreira, teria apostatado no Japão. Diante de torturas terríveis, teria renunciado ao cristianismo e viveria como japonês, com esposa. Para averiguar a verdade, alguns padres são enviados a Goa e Macau e, dali, para o Extremo Oriente. Destaca-se o padre Sebastião Rodrigues, logo capturado pelos japoneses. Nas condições duríssimas da prisão, o padre vai tendo dúvidas sobre a eficácia da obra missionária e, mais grave, sobre a possibilidade da resposta de Deus.

Há duas versões para o fracasso da semente missionária. Existe a de Inoue, comandante de parte da perseguição aos cristãos: "Vós fostes derrotado por este charco que é o Japão". Para o japonês, a planta cristianismo não tinha como se enraizar em solo nipônico. Para o já dobrado padre Rodrigues, o problema é mais grave: Deus não respondeu às suas preces e a ruptura não se deu no plano da aculturação missionária, mas no seu coração.

Os relatos de tentativa de apostasia, de renúncia da fé, foram frequentes no Império Romano. Os mártires mais populares dos altares, Sebastião, Catarina de Alexandria, Bárbara e outros, são pessoas que foram submetidas a torturas para que abandonassem a fé cristã e retornassem à crença pagã de origem. Claro que são relatos edificantes e os cristãos partem para a tortura com alegria e ousadia. Por vezes, são tão atrevidos como confessores da fé que se tornam um problema teológico. Santa Apolônia, por exemplo, atirou-se em uma fogueira para mostrar que não tinha medo da ameaça pagã. Porém, ao fazer isso, tornou-se uma suicida. Ela é a padroeira dos dentistas. Penso nisso sempre que uma broca se aproxima da minha boca no consultório do protegido de Apolônia.

Na obra de Shusaku Endo, a apostasia é mais próxima e mais existencial. Abandonados e isolados, missionários começam com a coragem dos seus similares na perseguição do imperador Diocleciano. Pouco a pouco, a dor, a fome, o horror do suplício do poço e outras formas de tortura vão-se impondo. A água do batismo evaporou-se e o sofrimento real ganha terreno. Sai o mártir da narrativa e entra em cena o homem assustado.

No romance histórico, além do grito dos algozes e do sofrimento, existe o silêncio de Deus que atualiza uma agonia solitária: "Pai, pai, por que me abandonastes?".

A força do texto e o caráter épico da tentativa de conquista missionária do Japão impressionaram Martin Scorsese. O diretor nova-iorquino também veio de família católica e, como o autor japonês, sentiu a diferença de existir e vencer em um meio dominante de outra religião. Além dos clássicos *Taxi Driver* (1976) e *Gangues de Nova York* (2002), Scorsese enfatiza religiosos polêmicos, especialmente em *A última tentação de Cristo* (1988). No filme *Silêncio* (2016), o padre Ferreira é interpretado por Liam Neeson e o padre Rodrigues por Andrew Garfield. Rodrigo Prieto, responsável pela fotografia, concorreu, mas não levou a estatueta do Oscar 2017. *La La Land* estava com imagem mais animada.

Filme e livro tratam de um medo antigo. Ele existe na obra *Coração das trevas*, do anglo-polonês Joseph Conrad (1857-1924). A personagem Kurtz, síntese da Europa, tenta manter sua identidade em meio às atrocidades da colonização do Congo, porém o desafio é maior. Quem você se torna quando todas as suas referências estão distantes? Quais seus limites quando não há vizinhos cristãos e outros reforços culturais para observá-lo? O autor ganhou prêmio Nobel. A obra é um dos 20 livros que mudaram minha maneira de ser no mundo.

A escrita de Conrad inspirou o filme de Francis Coppola, *Apocalypse Now* (1979), transferindo a angústia do enxerto cultural para a Guerra do Vietnã. Lá, nas profundezas da floresta do Sudeste Asiático, um novo Kurtz emerge na atuação de Marlon Brando.

Coppola e Scorsese têm em comum Nova York, o cadinho de culturas por excelência, o *melting pot* por definição. Nova York é a cidade que amamos nos EUA, provavelmente porque é a menos americana de todas. Quem sou eu, irlandês, russo, italiano ao atravessar o oceano e chegar a um mundo inteiramente distinto do que deixei e com valores que gritam o desafio de toda esfinge: decifra-me ou te devoro?

Acho que os americanos e o mundo nunca tiveram tanta dificuldade e medo em responder a essa questão da aculturação que afligiu jesuítas na China e no Japão e judeus-russos nos Estados Unidos. É uma resposta complexa sobre os muitos silêncios de significado. Quando dá preguiça pensar, construímos muros.

Você é vaidoso?

Você é vaidoso? Talvez o primeiro indicativo da vaidade seja a tendência a negar, rapidamente, a pergunta-título da crônica. Saiba, distinto leitor e estimadíssima leitora, sua tentativa de ser humilde contraria até a Bíblia: "Vaidade das vaidades, tudo é vaidade" (Ecl 1, 2). Se tudo é vaidade, garante o já idoso Salomão, nossa humildade é falsa.

Vaidade tem relação com vazio, sentimento falso de firmar-se sobre algo sem base. Esse foi o pecado de Lúcifer: sendo o mais belo dos anjos, sendo o portador da Luz, sentiu-se superior e liderou uma rebelião contra o Criador. Achar-se muito e formar quadrilha foram os primeiros crimes do universo, até então um coro uníssono de louvor a Deus.

Como o pai da mentira, desejamos ser o que não somos. Soberba levou o anjo a cair do céu e nossos pais perderem vaga no Éden. Aqui estamos, os degredados filhos de Eva, e, passados 7 mil anos (ou 4 milhões) do episódio, continuamos inchados de orgulho. O Eclesiastes tinha razão. A vaidade é um vazio que temos tentado preencher desde a origem.

Querem mais um exemplo de como a vaidade é universal? O profeta Eliseu era o talentoso discípulo de Elias. Viu o mestre subir ao céu de forma espetacular e fez milagres como abrir o rio Jordão com a capa do antecessor, ressuscitar uma criança ou, em uma tocante passagem, multiplicar o óleo de uma viúva aflita com dívidas (II Reis, 4). Em resumo, Eliseu era um homem de Deus e devotado ao Onipotente, como significa seu nome: meu Deus é salvação. Bem, esse santo homem foi zombado por sua pronunciada calvície por um grupo de jovens. Naquela época terrível, jovens eram irônicos. Eliseu se sentiu atingido e rogou uma maldição. Duas ursas enormes surgiram e despedaçaram 42 zombadores. Nunca uma careca foi *causa mortis* de tanta gente. Jamais a vaidade de um homem santo eliminou tantos. Salomão era um homem sábio: Vaidade das vaidades, tudo é vaidade.

Mas vamos a um campo mais delicado do tema. Vaidade é vazio porque eu pretendo algo falso. Exemplo: o arcanjo achou que poderia vencer Deus. Outra vez impossível. O demônio disse a Adão e Eva que eles seriam como deuses se experimentassem do fruto. Isso é impossível. Logo, estamos lidando com vaidade, vacuidade, o nada tornado orgulho. Mas e quando a imodéstia de alguém é baseada em fatos concretos? Quando o vaidoso ou a vaidosa possuem base para se sentirem acima da reles humanidade? Uma mulher belíssima, um homem bonito; poderiam essas Helenas de Troia e esses Adônis terem direito à soberba? Se fossem humildes, seriam falsos? Um homem genial, um criador brilhante, uma mulher cultíssima, um jovem com habilidades físicas muito acima do comum: teriam de substituir o erro da vaidade pelo erro da mentira?

Suponha que eu encontre Gisele Bündchen e ela tenha o improvável impulso de conversar comigo e, em meio a essa ficção quase delirante, eu consiga soltar a tautologia: "Você é linda!". O que a esposa de Tom Brady (que na minha imaginação estaria em um jogo na Sibéria) poderia me responder? Resposta um: "Verdade, sou considerada uma das mulheres mais bonitas do mundo, a *Übermodel* perfeita. Sou linda mesmo". O efeito seria considerá-la vaidosa. Resposta possível dois: "Você está enganado, não sou linda". Ela deixaria de ser vaidosa para se tornar mentirosa. Situação possível três: ela nada responde verbalmente, apenas baixa os olhos e enrubesce. Ora, já foi dito centenas de vezes que ruborizar é a homenagem que a vaidade presta à modéstia. Quem fica vermelho com um elogio concorda com ele, todavia finge discordar baixando os olhos e deixando o sangue da satisfação preencher o silêncio. A modéstia, diz Mario Quintana, é a vaidade escondida atrás da porta. Afinal, o que poderia responder Gisele?

A humildade é mais fácil quando temos pouco a ostentar. É fácil para um homem feio afirmar que a aparência não é tudo. Uma pessoa burra pode desdenhar da inteligência. Aquilo que não temos, alegamos desnecessário. Mas aquilo que não temos, refletido em outros, desperta duas coisas distintas. Primeiro, surge a inveja, a dor sobre a felicidade alheia. A segunda é que a vaidade dos outros é insuportável quando ilumina a nossa própria vaidade. Machado indicou que suportamos com paciência a cólica alheia. Somos solidários quando não desejamos o que o outro tem.

Somos todos vaidosos, com ou sem razão. Há tanta vaidade em demorar horas para sair à rua aprimorando a aparência quanto em sair despojado afirmando estar acima de modismos e da opinião alheia. Ambos desejam holofotes: um pela pompa e outro pela indiferença à circunstância. A questão não é quem é, de fato, humilde. Talvez exista o ser humilde. O ponto nevrálgico é o que fazemos com nossa vaidade, como lidamos com ela.

O primeiro passo parece ser o de tentar ter consciência de onde ela me pega, qual sua dimensão, como lido com o orgulho. Gisele poderia pensar: sim, sou linda, mas minha inegável beleza não me torna o primo móbile do universo. Em resumo, a consciência ajuda a domesticar sua vaidade.

Talvez o único antídoto para a vaidade seja a própria vaidade: saber onde sou bom ou ruim é uma maneira de eu não precisar invocar ursas famintas sobre pessoas que me dizem a verdade. Há predadores que punem nossa vaidade por perturbar a deles. Eles estão nas nossas redes sociais e têm mais fome do que as ursas do profeta.

A luz alheia

Os insetos noturnos são atraídos pelo brilho artificial de uma lâmpada. Li, em algum lugar, que a Lua é uma fonte de orientação para eles e, vendo uma luz qualquer, ficam confusos e voam em espirais cada vez menores. O fototropismo instintivo torna-se perigoso e até fatal. O brilho que seduz também queima. Como costumamos transferir consciência humana aos animais, questionamos: por que eles giram ao redor da cintilância que não os beneficia e pode até matá-los?

Humanos têm um acentuado fototropismo. Buscamos a luz das pessoas. O interesse pelos famosos, em particular, é um tipo de busca do brilho alheio. Imagine estar próximo de alguém que, por algum motivo, você admira intensamente. Viramos insetos fascinados. Em si, a busca pela luminescência alheia é boa e até inspiradora. Crescemos quando olhamos para ídolos positivos e buscamos objetivos mais elevados. Porém, a sedução implica riscos.

O mundo líquido expõe a totalidade dos desejos em redes sociais com imagens. Somos atraídos por cenas sedutoras. Nosso ser desejante e nossas identificações projetivas alcançam mais longe do que jamais supuseram nossos ancestrais. Somos, por excelência, a geração de *voyeurs* diante do espetáculo incessante da internet.

Ao contrário de épocas remotas, hoje dói ser alguém comum ou levar uma vida opaca. Surgiu uma novidade: todos somos especiais e, por consequência, universalizamos a aspiração pela existência exuberante e plena. A dimensão trágica da existência e os limites de tudo parecem um acidente evitável.

Então, cada um de nós, insetos que voam sozinhos ou em grupo, vê uma luz coruscante na noite escura da nossa consciência. São biografias que, de longe, se mostram melhores, mais interessantes, desafiadoras e repletas de prazer. Elas estão no Facebook, no YouTube, no Instagram, nas revistas, nas narrativas dos amigos e na televisão. A luz alheia ilumina nossa mediocridade. Avaliamos o resultado visível, raramente o custo dele. Vemos alguém falar bem inglês, escrever bem, viajar muito, possuir boa aparência, ter uma família harmoniosa ou quaisquer outros pontos que nosso voo irregular captou na escuridão: ficamos ofuscados e atraídos, feridos narcisicamente e hipnotizados.

Machado de Assis usou esta metáfora no soneto "Círculo vicioso". Um vaga-lume voa raso e, mirando ao alto, inveja uma estrela. A estrela lança seu olhar pesaroso em direção ao brilho da Lua. Nosso satélite natural inveja o Sol radiante. Por fim, no terceto final, o Astro-rei confessa: "Pesa-me esta brilhante auréola de nume.../Enfara-me esta luz e desmedida umbela.../Por que não nasci eu um simples vaga-lume?". Fecha-se o círculo: desejamos o que não temos, a luz a mais ou a menos. O pirilampo, em seu gracioso voo, perde-se ao observar supostas felicidades mais elevadas. As estrelas são diminuídas pela Lua cheia e o Sol a todos se impõe com sua coroa radiosa. A inveja geral nem sequer concebe que o Sol brilhante possa ser infeliz.

O drama do desejo da luz alheia é que, em vez de admiração genuína por um talento e até uma cobiça positiva que pode levar a um esforço edificante, a inveja corrói e consome o invejoso. É um ácido lento que pinga da estalactite da mediocridade e vai formando uma dor surda e constante. Em mentes mais patológicas, o sentimento se transforma em ódio contra o objeto. A mediocridade só encontra consciência quando iluminada pelo talento que ela julga superior. Como um fungo num canto úmido e escuro, ao encontrar uma luz real ou suposta, o ressentimento se contorce e geme diante do espelho inédito.

Não podemos subestimar o papel tranquilizador de toda inveja: eu não sou medíocre ou infeliz por causa da minha falta de esforço ou outra explicação que passe pela minha responsabilidade. Sou infeliz porque o outro possui a parte que me caberia. A crença do invejoso é similar à do mercantilista antigo: a riqueza é fixa, se alguém tem mais deve ter tirado da minha parte.

O mundo parece brilhante ao seu redor? Os colegas, amigos e familiares levam uma vida que você considera superior à sua? Você passa horas percorrendo estradas virtuais na internet para verificar coisas e acompanhar vidas alheias e isso consome sua energia e sua alegria? Provavelmente, você está imitando o fototropismo das mariposas e perdendo o senso de direção. "Inveja" deriva de *invidere*, ver com maus olhos, de maneira hostil, ou olhar muito de perto. Inveja é cegueira. Pior, o olho do invejoso magnifica a luz real ou existente de terceiros e cega sobre as luzes possíveis de si. Em vez de ser feliz na relva, ficamos contemplando, pesarosos, sóis e luas.

Aludindo à cegueira dos invejosos no Purgatório, Dante os imagina com os olhos costurados por fino arame. Tanto olharam para outros que, agora, aprendem à força. Naquela montanha abaixo do Paraíso, o poeta florentino encontra uma arrependida cidadã de Siena. Sapia torcera em vida pela derrota dos seus conterrâneos e invejava sucessos alheios. Ainda que seu nome indicasse, ela constata que não fora sábia.

Abrir mão da dor permanente da comparação e da projeção sobre a luz alheia é um desafio. Precisamos reaprender o caminho da máxima grega: conhece a ti mesmo. Isso não garante que cada vaga-lume se torne o Sol, todavia impede que ele se queime no equívoco da busca da luz alheia. Vaga-lume invejoso morre triste.

Ele não gosta de ler!

"Meu filho não gosta de ler." A frase é dita com dor nos lares. Na sala de aula, o drama se repete. Você leva um texto que o seduz há anos para a turma, fala dele e... nada. Os alunos continuam indiferentes e o tédio é entrecortado por suspiros lânguidos e consultas ao celular. Só quem deu aulas para adolescentes sabe da cara de natureza-morta que alguns conseguem mostrar. Como fazer alguém tornar-se um bom leitor?

Vou começar com uma aparente heresia: ler não é fundamental para ser feliz. Duvida? Recomendo uma terapia de choque: frequente uma reunião de departamento de qualquer centro de Humanas. Lá encontrarão pessoas que fazem da leitura seu dia a dia, seu ganha-pão e sua vocação. Examinem o ambiente e as frases por meia hora e retornem aos lares: eis uma vacina poderosa e permanente para evitar a associação entre livros e alegria existencial. Ler não nos torna mais felizes. É interessante notar que o estereótipo da bibliotecária em todos os filmes e romances é de uma mulher amarga, de óculos, imersa na obsessão do silêncio. Vivendo em meio a livros, ela não deveria ser feliz?

Conhecimento é poder, reza a máxima atribuída a Francis Bacon, o afamado Chico Toicinho. A base de todo processo é a curiosidade. A leitura é o efeito, não a causa da curiosidade.

Uma parte da elite brasileira fixou-se no saber formal de textos clássicos. Homero e Dante são impactantes e transformaram a minha vida. Por isso me sinto livre para dizer: eles são *um* caminho, não *o* caminho. Insisto: o cerne do sucesso e da inteligência é a curiosidade, a inquietação, a busca e a insatisfação. A *Ilíada* me transformou, no entanto o importante está no caminho que me levou até ela. Como entendê-lo?

O primeiro passo para pais e professores é superar a ansiedade. Querer empurrar legumes e falar que premiará com doces é o caminho seguro para ressaltar que o doce é bom e o vegetal, ruim. Conselhos são medidos pela minha identificação com quem os fornece e pelo resultado que observo no conselheiro. Uma pessoa interessante, ao dizer que livros são fundamentais, terá maior chance de ser ouvida do que outra à beira da histeria: "Você precisa ler!".

A personalidade do leitor fala antes dele e funciona como um *outdoor*. É como o corpo de quem nos dá pistas sobre dieta ou suplementos alimentares: olhamos para o físico de quem fala mais do que ouvimos. A primeira pergunta honesta a fazer a todo autor de textos do estilo "você pode ficar rico" é saber se o autor possui o capital que imagina ensinar outros a adquirir.

Aqui uma observação complexa. Muitos pais intelectuais geram filhos com aversão à leitura. Santo Freud! Os tomos eram, para a criança, as entidades que subtraíam seu pai e sua mãe do convívio. Livros eram inimigos! A biblioteca ou o escritório eram espaços vampirescos que drenavam a atenção de meus pais. Como amar um concorrente desleal?

Como valorizar conhecimento se ele foi usado para constranger? Correções gramaticais ríspidas, humilhações diante de uma ignorância tópica ou impaciência com lentidão de aprendizado vão dirigir a dor do jovem para o saber e seus usuários. Como adquirir o desejo de aprender se o resultado é virar uma pessoa chata? Conhecimento deve libertar, ampliar horizontes, ajudar na felicidade, clarear angústias e emocionar. Se a intenção for agredir, é mais ecológico um tapa na cara do que derrubar árvores para o papel. A propósito, isso é uma ironia e não um conselho.

Curiosidade pode ser estimulada com boas perguntas. Elas devem ser dosadas e nunca podem parecer um artificialismo didático. *Phármakon* (remédio e veneno): a diferença está na dose. O conceito vem da medicina antiga e de uma ideia de Jacques Derrida sobre o poder da palavra. Empurre um romance árido e com questões existenciais acima da faixa etária de uma criança e estará lançada uma fértil semente de rejeição à leitura. O lúdico sempre tem um papel central. Machado de Assis é um gênio. Imaginar que alguém de 13 anos esteja preocupadíssimo com fidelidade conjugal como estava o taciturno Bentinho é ignorar regra básica sobre jovens. A leitura não deve ser apenas o reforço do meu mundo e dos meus valores. Porém, para que ela possa alçar voo, a caminhada deve ser coerente. Haverá um dia em que o leitor já experiente vai gostar exatamente do mundo que desconhece ou que o desafia. No início, o gancho é feito pela proximidade. A um jovem que resiste à autoridade e ao conhecimento, é mais fácil indicar a identidade com Holden Caulfield, o rebelde do romance de J. D. Salinger, *O apanhador no campo de centeio*, do que com tísicos nos Alpes de *A montanha mágica*, de Thomas Mann.

Posso apoiar a leitura de *Harry Potter* ou de Paulo Coelho? Estou convencido que sim. Podemos dar adaptações de clássicos facilitados para jovens leitores ou as boas histórias em quadrinhos sobre Shakespeare? Nada impede. O filme sobre o livro pode ajudar? É claro! Apenas não pode substituir.

Sempre e acima de tudo: que você mostre que os livros são bons e não um fardo. Até nas faculdades damos a bibliografia e chamamos de "carga" de leitura, indicando, metaforicamente, peso e dor. Livros às mancheias porque são muito bons, jamais um peso. Ler é parte do bem viver!

Pintando o retrato de Desejado

O rei de Portugal, D. João III, governou de 1521 a 1557. Para o Brasil, é o implementador das capitanias hereditárias, da fundação de Salvador e de tantas obras que lhe valeram a alcunha de "o colonizador". Na prática, foi o primeiro monarca a dar atenção ao Brasil, à medida que as Índias entravam em colapso. Teve nove filhos, porém a maioria morreu cedo. Seu primogênito, Afonso, não chegou ao segundo mês de vida. A segunda, Maria Manuela, casou-se com Filipe II da Espanha. Os incômodos laços da Coroa espanhola com Lisboa eram fortes: além da esposa portuguesa, o rei espanhol era filho de Isabel de Portugal e, como tal, bom pretendente ao trono lusitano.

A esperança do pequeno reino ibérico estava em João Manuel. A esposa do príncipe herdeiro era Joana de Áustria. A gravidez da jovem princesa encheu o país de alegria. A morte precoce de João Manuel colocou todos em polvorosa. No ventre de Joana estava o futuro. As preces se elevaram em intensidade. Houve procissões. No dia 20 de janeiro de 1554, 18 dias após a morte do pai, o jovem herdeiro chorava com saúde perfeita. Recebeu o nome do santo do dia, o mesmo que protegeria a futura capital fluminense na colônia: Sebastião.

Poucas vezes na história uma criança causou tanta alegria. Tendo obtido sua independência ao lutar contra castelhanos, Portugal era um bravo reino com um vizinho poderoso. No século XIV, um drama sucessório tinha quase feito Lisboa sucumbir ao controle estrangeiro. A cada 200 anos, parecia que os lusitanos tinham um susto dinástico. D. Sebastião já era, ao nascer, o Desejado.

A morte do avô o tornou rei com 3 anos de idade. A situação era similar a outra no futuro: nosso imperador Pedro II que, aos 5 anos, se tornou a esperança da nação. D. Sebastião foi educado com rigor. Os jesuítas fizeram um bom trabalho. Por temperamento ou sucesso dos seus tutores, cresceu com religiosidade extrema.

D. Sebastião era o monarca de um Império em crise. Os dias de glória e de expansão de D. Manuel, o Venturoso, seu bisavô, tinham ficado para trás. O governo não conseguia enfrentar bem a concorrência e a expansão dos impérios vizinhos. O ouro e a prata chegavam em grandes quantidades para a vizinha Espanha. O pau-brasil e a pimenta quase não cobriam as despesas do empreendimento ultramarino português. O ultramar que fizera a glória portuguesa era, agora, um "sorvedouro de homens e fazendas". Pequenos sucessos, como o estabelecimento em Macau, não faziam a volta aos dias do monopólio das especiarias que tinham patrocinado o luxo do Mosteiro dos Jerônimos.

Todas as pessoas tomam alguma decisão errada. Quando é um monarca, é ainda mais grave o efeito da escolha. D. Sebastião saíra a combater um potentado islâmico no Norte da África. Era jovem, solteiro e sem herdeiros. A ação de partir para o Marrocos era temerária. Fernando Pessoa imaginou a despedida no Tejo com versos melancólicos: "Foi-se a última nau, ao sol aziago./Erma, e entre choros de ânsia e de pressago". O resultado é bem conhecido. A batalha de Alcácer Quibir, em 4 de agosto de 1578, revelou-se um desastre gigantesco. A nata da nobreza portuguesa morreu ou foi capturada. Os resgates empobreceram Portugal. Pior: o rei desapareceu na poeira do campo. A independência do país naufragava.

O velho cardeal D. Henrique assumiu um curto tempo. Filipe II da Espanha tomou o trono após campanhas militares e de suborno. Como ele diria: "Portugal eu herdei, conquistei e comprei". Os 60 anos seguintes seriam de União Ibérica (1580-1640), passando o Brasil também ao poder dos Habsburgo.

A crise e domínio estrangeiro fizeram com que a figura do rei desaparecido crescesse ainda mais. Sua volta continuava a ser aguardada. "Havia pouco a se esperar de um país no qual metade da população esperava o Messias e a outra metade, D. Sebastião", era a fala irônica de um diplomata, comentando a espera do Desejado e a grande quantidade de cristãos-novos em Lisboa.

O Desejado desaparecera sem um relato unívoco sobre sua morte. Surgiram D. Sebastiões em Portugal e em Veneza. Criou-se um mito: um dia, El-Rei voltaria e restauraria a glória lusitana. O encoberto, a figura que eletrizou a consciência europeia, estava incrustado na história e na imaginação popular.

Nossas mazelas seriam todas curadas pela chegada de um governante justo. O sebastianismo revelava uma maneira de pensar o mundo a partir de uma futura solução mágica. Do fim do século XVI até hoje, cresce a expectativa do governante perfeito. Como na peça *Esperando Godot* (Samuel Beckett, 1952), a ansiedade pela chegada paralisava a ação. O grande defeito dos messianismos é a transferência da ação prática e transformadora do momento para o dia da posse do salvador.

O país começará quando chegar o político impoluto que vai mesmerizar a nação abalada pela divisão política e fustigada pela crise. Só ele nos unirá e nos redimirá. Claro que D. Sebastião pode ser de esquerda ou direita. Óbvio que o encoberto é mais inteligente do que a média, mais brilhante, mais cheio de ideias e puro como uma vestal diante do fogo sagrado do Estado. Quando será que o povo de Lisboa vai entender que não existe um redentor externo, que o mito é um mito? Quanto tempo terão de debater para admitir que a solução é lenta e passa pela sala de aula e não pelo Ungido? Afinal, é de Portugal que estamos falando, não é?

O que é uma boa aula

O tema é delicado. Primeiro, imaginam leitores, com razão, que o autor da crônica esteja dizendo que dá boas aulas e que pode indicar uma receita, o que seria uma vaidade. Também há a possibilidade de um ex-aluno, atingido por uma grosseria minha ou por uma incompetência profissional, questionar quem seria eu para falar sobre boas aulas. Acredito que eu seja uma pessoa que pode falar sobre uma boa aula porque já dei aulas muito ruins. Todo profissional sabe que houve dias bons, médios e terríveis na sua ação. Então, determine-se à partida: sou um professor que, por erros (muitos) e acertos (alguns), posso discutir o tema.

Eu era muito jovem quando tive minha primeira turma. Completara 15 anos e, juntamente com minha irmã, aceitamos turmas de catequese. Eu estava no ensino médio e o padre Benno Brod SJ (Societatis Jesu ou Companhia de Jesus), talvez sem opção de mão de obra mais qualificada, nos entregou um grupo para preparar para a primeira eucaristia. Lembro-me, à distância de 39 anos, ser um péssimo catequista. Era entusiasmado, utilizava recursos didáticos, mas era muito ruim. Enfatizava teologia, normas, regras e pouco da beleza cristã dos ensinamentos. Primeira lição aprendida: muito cuidado com a adequação da mensagem para o público da aula. A primeira preocupação do bom professor: o que meus alunos conseguem captar e até que ponto pretendo expandir a capacidade de compreensão da minha turma?

Um ano antes de me formar na graduação, comecei a dar aulas numa escola estadual em Dois Irmãos (RS). Agora, eu lecionava História e havia um conteúdo específico mais do que uma atitude de vida. Eram alunos de ascendência alemã na sua maioria, muitos deles trabalhadores da indústria de calçados ou do comércio local. Já havia crescido uma percepção: com duas aulas semanais no noturno, cortei o programa pela metade. Queria falar do mundo contemporâneo e não das cidades-Estado da Suméria. A ideia era boa: diminuir quantidade para enfatizar qualidade. Uma boa aula não procura traduzir todo o mundo, mas possibilita pensar algo do mundo. O que invalida uma aula é tentar passar muita coisa ou, mesmo sendo pouca, perder o foco no fim último de toda educação: o aluno.

Tornei-me professor do ensino superior aos 23 anos. A disciplina chama-se História do Pensamento Humano, na mesma universidade na qual obtivera minha graduação, a Unisinos. As turmas eram grandes, eu muito jovem. Sentia-me inseguro. Passei a me vestir como pessoa mais velha, com chapéus e casacões. Provavelmente, ensinava mais do que eu sabia: o entusiasmo era superior ao conhecimento. Foram anos de aprendizagem sobre lecionar para dezenas de pessoas por um período longo.

Já em São Paulo e fazendo pós-graduação, dei aula em diversos locais. Uma quinta série (hoje um sexto ano) em um colégio católico, turmas de supletivo de ensino médio noturno, turmas regulares em um colégio privado de elite e faculdades privadas. Cheguei a dar 64 aulas semanais. Foi uma década de aprendizado e de exaustão.

Acho que o erro maior das minhas aulas de então era ser, talvez, o aluno mais velho. Muitas vezes, fui o professor que tenta demonstrar, para impressionar suas turmas, como tudo é fácil e tranquilo. Isso talvez seja como um lutador faixa-marrom conversando com um iniciante faixa-branca. Crescia o conhecimento, mas faltava-me a maturidade pessoal para enfrentar as muitas situações em que a psicologia seria mais útil do que a didática.

Olhando com distância, vejo que minhas aulas, por vezes, tinham bons recursos de criatividade. Tocava "A Marselhesa" para os alunos aprenderem a Revolução Francesa no ensino médio e fazia chá em aula para falar do Império Britânico e sua expansão sobre a Índia. Alguns alunos dizem que lembram dessas coisas anos depois. Criatividade é importante para uma aula, desde que seu objetivo não seja distrair ou divertir alunos, porém ensinar por meio do lúdico. Errei e acertei bastante nesse campo.

Terminei o doutorado e fui aprovado em concurso para a Unicamp. Era já mais velho, tinha mais conhecimento e estava lecionando temas específicos e acadêmicos. Mais tranquilo, aprendi a olhar bem para o rosto dos meus alunos. Ali, na face deles, estava a mensagem total: a aula está boa, está chata, está difícil... Levei anos para descobrir o rosto do meu aluno. Talvez seja a coisa mais importante para uma boa aula.

Há milhares de coisas a dizer. Sintetizaria assim: pensar no que eu vou trabalhar em uma aula (o conceito, a prática, o conteúdo) e fazê-lo. Adequar a linguagem ao público-alvo. Observar muito o rosto dos alunos e suas reações. Ser criativo sem fazer do lúdico o único objetivo. Trabalhar com seriedade e nunca me comportar como se fosse apenas o aluno mais avançado. Ter autoridade sem ser autoritário. Entender que o aluno é o objetivo da minha aula e não eu. Ser honesto com eles e comigo. Ser compreensivo com as variantes humanas. Preparar-me para bem preparar alunos. Ser humilde com os próprios erros e compassivo com os erros de quem está aprendendo. Acima de tudo, ser paciente!

Sim, há muito mais, mas já é um bom começo. Espero ser um melhor professor no futuro.

Sexo, Deus e felicidade

Não é bom que o homem esteja só. Deus fez uma análise da situação de Adão e concluiu que ele precisava de uma companheira. Era o modelo já consagrado dos animais no dia anterior: os bichos foram criados com macho e fêmea no quinto dia; Adão, solitário, no sexto, nascido de forma especial, sem similar. Eva é a única criação que parece ter sido fruto de uma necessidade nova, pois todos os outros seres já vieram completos, em pares.

O judaísmo nunca foi um defensor do celibato e da vida eremítica como seria corrente no cristianismo. Ter filhos era uma ordem: crescei e multiplicai-vos. O imperativo da descendência fazia passar por cima de convenções. O homem religioso é obrigado a tomar a esposa do irmão falecido, produzir um filho para perpetuar o nome do falecido. A regra do levirato permite à mulher ir ao tribunal reclamar caso o cunhado não se disponha a deitar-se com ela (Dt 25, 5-10). Para ter descendência, a filha mais velha de Ló disse à mais nova para que embebedassem o pai e gerassem filhos/irmãos. O plano resultou no nascimento incestuoso de Moab e Ben-Ami (Gn 19, 31-37).

O cristianismo trouxe a desconfiança da carne, a vida consagrada como modelo, a castidade como forma superior de entrega a Deus. Paulo sugeriu a castidade e indicou o casamento para os que não conseguissem controlar seu calor interno. "É bom para o homem abster-se de mulher" (I Coríntios 7, 9). A pedra da igreja cristã fora Pedro, um homem casado. O modelo paulino superou o petrino.

A Igreja é santa e pecadora. Religiosos passaram a fazer um voto de castidade. São Bento, pai das comunidades monacais do Ocidente, jogou-se em espinhos para manter sua virtude. São Francisco de Assis o imitaria no milênio seguinte. Prudente, o santo fundador dos beneditinos, recomendava no capítulo 22 da sua regra: "Que os irmãos mais jovens não tenham leitos juntos, mas intercalados com os dos mais velhos". Também indicava uma luz no dormitório a noite toda. Castidade, sim, mas com o cuidado humano de evitar a tentação.

No século XI, sob o papa Gregório VII, a infração do celibato (nicolaísmo) foi, mais uma vez, alvo de legislação. Havia motivos teológicos tradicionais. O platonismo cristianizado desconfiava da matéria. Jesus nunca se casara nos evangelhos canônicos. Havia motivos materiais: o interesse de preservar os bens da Igreja. Sem casamento legal não haveria herança possível.

A Igreja é santa e pecadora. Há santos de castidade heroica. Em episódio que muito agradaria a um psicanalista, Tomás de Aquino insistia em ser frade e os irmãos discordavam da ideia. Para afastar o futuro doutor da Igreja, introduziram uma prostituta no quarto do jovem vocacionado. O rapaz retirou um pedaço de madeira em chamas da lareira e avançou sobre a profissional. O lírio, símbolo da virgindade/castidade, perfumaria muitas imagens de santos e santas. A pureza de Maria seria tornada dogma desde cedo.

A castidade do clero virou norma, todavia não dogma. Isso significa que um papa, a rigor, pode aboli-la. Ao menos, pode retornar ao modelo dos cristãos ortodoxos, com padres celibatários e padres casados convivendo dentro da Igreja.

Lutero revolucionou a organização eclesiástica. Traduziu a Bíblia para o alemão, eliminou o culto a relíquias, estimulou a ideia de salvação pela fé e a busca individual da iluminação de Deus pelas escrituras. Também quebrou o celibato. Monge agostiniano, casou-se com uma ex-freira cisterciense, Catarina von Bora. Tiveram seis filhos, e alguns alemães, como o ex-presidente Paulo von Hindenburg, afirmavam descender do líder reformista. Os modelos derivados do luteranismo, quase todos, eliminariam o celibato como norma.

Na América portuguesa, a regra foi imitar a infração europeia do celibato. A primeira visitação do Santo Ofício ao Brasil ouviu, horrorizada, o depoimento do padre Frutuoso Álvares, vigário de Matoim. O venerando vigário de mais de 65 anos confessou ter tido muitos "tocamentos desonestos" com mais de 40 jovens entre 12 e 18 anos. O depoimento do sacerdote contém detalhes sobre seus gostos e posições sexuais. Estamos entre 1591 e 1592 e, de vez em quando, escuto alguém dizendo que o mundo de hoje está perdido...

A Igreja Católica contemporânea, em comparação com a medieval e moderna, está notavelmente mais pudica. Há episódios indecorosos, sim, mas são de menor vulto do que no passado.

O papado, em particular, virou um monumento ebúrneo de virtudes morais nos últimos 200 anos. Compare-se o atual papa Francisco ou João Paulo II com Alexandre VI ou Júlio II e veremos a diferença. Houve rumores vagos sobre Pio XII e a sua governanta alemã por quase 40 anos: madre Pasqualina Lehnert. A religiosa assumiu funções relevantes no Vaticano. O papa de cera, com suntuosa tiara pontifícia, na sua cadeira gestatória, ignorava os rumores de que Pasqualina se tornara *la popessa*, "a papisa".

Podemos pensar de forma original que a Igreja contemporânea apresenta um modelo de castidade em um mundo que está quase exausto da liberdade/libertinagem sexual. O refluxo conservador que vivemos no Ocidente talvez dê aos textos de Paulo uma nova atualidade. Quem precisar se casar que o faça, mas, se puder... Santos castos e maridos e esposas exaustos dirão: que sabedoria apostólica!

O que Jesus pensava?

O que se passava na cabeça de Jesus na quarta-feira da Semana Santa? Havia experimentado a maior glória da sua vida no domingo anterior. Ele fora saudado com hosanas ao filho de Davi! A cidade o recebera como a um herói. A sagrada e tumultuada Jerusalém abrira suas portas de par em par. Mantos foram estendidos ao chão, ramos de oliveira agitados em frenesi. Foi o apogeu de uma carreira de três anos. Ele conhecia a cidade há muito tempo. Perdeu-se nela aos 12 anos. Jerusalém, a dourada, com o templo refeito por Herodes, o Grande, deveria impressionar um homem nascido em Belém e criado na pacata Nazaré.

Jesus amava a Cidade Santa. Em Lucas 19, 41, lemos que ele chorou ao ver a cidade e antecipar sua destruição. Era uma paixão de verdade:

sua maior crise de fúria tinha sido expulsar vendilhões do espaço sagrado. O gesto indicava seu zelo afetivo pelo lugar. Ninguém reconheceria o dócil pregador do "Sermão da montanha" virando mesas e gritando. Talvez os íntimos conseguissem vislumbrar além: a cena impactante nascia do amor do Filho pela casa do Pai.

Quarta-feira, mês de Nisã no calendário judaico, primavera na Cidade Santa. Dias mais frescos, céu azul, a temperatura mais amena de uma cidade alta. Como supomos que ele tinha capacidade de saber o que estava à frente, deveria existir um pouco de melancolia em relembrar que alguns dos que o saudaram do Domingo de Ramos estariam entre os que gritariam Barrabás na mesma semana. As mesmas bocas do "Hosana" berrariam "crucifica-o".

Era a semana de Pessach, da celebração judaica que lembrava a libertação da escravidão do Egito. Haveria uma ceia com os amigos. Isso ocorreria no dia seguinte, Quinta-feira Santa no calendário católico, Quinta de Endoenças na tradição portuguesa.

No fim do século XV, Leonardo da Vinci canonizou a Santa Ceia como um ambiente centralizado, com 13 homens, sem empregados ou mulheres (Convento de S. Maria delle Grazie, Milão). Jesus anuncia que alguém irá traí-lo. O afresco mostra o espanto geral. Judas segura um saco de moedas e derruba sal, sinal de azar. Cem anos mais tarde, Tintoretto ampliou a cena no quadro *A última ceia* (Basílica de San Giorgio Maggiore, Veneza). Há funcionários, cachorros, anjos, louça sendo lavada. Passamos do mundo ordenado de Leonardo para uma *rave*.

Na última ceia, Jesus diz algo comovente: "eu desejei ardentemente comer esta ceia pascal antes de padecer" (Lc, 22-15). É um desejo muito humano querer compartilhar mesa e afeto com quem se ama antes do fim. Aqueles eram os 12 homens que o acompanhavam havia anos. Alguns tinham gênio complexo. Tiago e João eram chamados de "filhos do trovão" pelo temperamento. Pedro era decidido e líder, mas negaria três vezes ao mestre na madrugada seguinte. Mesmo Judas estava ali. Talvez o Mestre tivesse uma dor dupla com seu tesoureiro: sabia que ele iria traí-lo, mas sabia que ele cometeria suicídio, o grande tabu judaico. Qual das dores mais incomodava ao Nazareno? Ser traído pelo discípulo-amigo ou perceber que Judas se condenava à danação? Era uma noite de emoções intensas. Os Evangelhos nunca narram Jesus sorrindo, mas descrevem inúmeros momentos do Messias chorando.

Uma das virtudes de Jesus era a capacidade de surpreender. De repente, para espanto geral, Ele se levanta e começa a lavar os pés dos discípulos. Quer mostrar o grau de amor heroico que reverte hierarquias. Quem comanda é o primeiro servidor dos comandados. A lição é permanente e ainda não aprendida. Pedro, sempre cheio de arroubos teatrais, pede para ser lavado por completo. Jesus deve ser paciente. O pescador de homens está em formação. Pedro é um herói ainda imperfeito, que afunda na água quando tem medo, que nega o Mestre, que cochila enquanto Jesus agoniza e que, ao final, vira a pedra sobre a qual toda a obra seria edificada. Pedro, a "pedra", é humano. Jesus não escolheu anjos, mas seres humanos. Conhece a seus discípulos e, curiosamente, ama-os do mesmo jeito. Amar conhecendo é um dom único e uma generosidade épica.

A cena mais tocante da última Páscoa de Jesus é dada pelo afeto de João, o mais novo. Ele pousa a cabeça no peito do Mestre. É o benjamim do grupo e será o último a morrer. Ao redor daquela mesa estavam sentados o tema principal e cinco autores do Novo Testamento: Mateus, João, Pedro, Tiago e Judas Tadeu. Foi um encontro notável. Gosto de imaginar que, ali perto, numa cerimônia mais ortodoxa, estava o maior autor individual do Novo Testamento: Saulo de Tarso, sem saber que sua vida seria mudada pelos acontecimentos que transcorriam no Cenáculo. A ceia foi a última alegria de Jesus nas terríveis horas seguintes.

Como funciona a cabeça de alguém que sabe o futuro? Eu me casaria tendo presente todos os desentendimentos futuros? Conversaria com alguém que me causaria decepção anos mais tarde? Talvez por isso seja vedado aos homens o conhecimento do futuro. Não aguentaríamos a dor da verdade pela frente.

James Jacques Tissot (1836-1902) retratou o Calvário sob ângulo novo: a cena vista pelos olhos de Jesus (*Ce que voyait Notre-Seigneur sur la Croix*, c. 1890. Brooklyn Museum, Nova York). Procure essa imagem e você será apresentado a uma interpretação pouco comum. Ao invés de um Jesus centralizado, um que não está na cena (a não ser por um detalhe dos pés), entretanto determina o horizonte de visão. Assumimos a posição d'Ele. A morte na cruz era excruciante pela dor; terrível pela humilhação de tormento típico de escravo e, para piorar, era a chance para o Messias avaliar a natureza humana que não cessa de surpreender pela pusilanimidade. Somos todos canalhas e, invariavelmente, covardes. E Ele amou aos homens apesar do que via.

O autor

Leandro Karnal trabalhou duro mais de trinta anos para surgir de repente. Historiador de formação e professor apaixonado, tornou-se conhecido do grande público pela internet e televisão. Karnal expandiu-se além das salas da Unicamp e, com mais este livro pela Contexto, produz pequenas aulas textuais para dialogar com seu público. Com as crônicas, ele abarca muitos temas, mas mantém focos centrais inalterados: tolerância, conhecimento de si, raízes históricas de processos e combate ao preconceito. Há um mosaico de muitos detalhes, mas a figura é visível.

Leia também de Leandro Karnal

CONVERSAS COM UM JOVEM PROFESSOR
Leandro Karnal

Nestas conversas o leitor conhecerá experiências em classe: tanto as que deram certo como as que fizeram o autor se arrepender. Professor com vasta experiência e dono de um texto envolvente, Leandro Karnal discute os problemas cotidianos daqueles que lecionam: como dar aula, como corrigir provas, o que é necessário lembrar numa reunião com os pais.

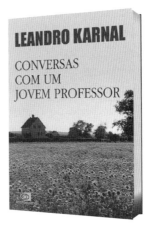

HISTÓRIA DOS ESTADOS UNIDOS
Leandro Karnal, Luiz Estevam Fernandes, Marcus Vinícius de Morais e *Sean Purdy*

Cosmopolitismo e provincianismo, democracia e autoritarismo, rap e jazz. Tudo isso convive nos Estados Unidos – um país fascinante e cheio de contradições. Primeira e única obra feita com olhar brasileiro, passa longe da visão maniqueísta com que o assunto comumente é tratado. Essencial para quem não é indiferente às influências que a terra do Tio Sam exerce sobre nós.

HISTÓRIA NA SALA DE AULA
Leandro Karnal (org.)

A partir das ideias e experiências de 14 profissionais reconhecidos da área, o livro questiona certas práticas de sala de aula e propõe outras, mais eficazes para despertar o interesse dos alunos pela matéria e mais compatíveis com o papel do professor. Em tempos de informação instantânea e alta competitividade profissional, é sempre valioso lembrar a importância das aulas de História.

Cadastre-se no site da Contexto
e fique por dentro dos nossos lançamentos e eventos.
www.editoracontexto.com.br

Formação de Professores | Educação
História | Ciências Humanas
Língua Portuguesa | Linguística
Geografia
Comunicação
Turismo
Economia
Geral

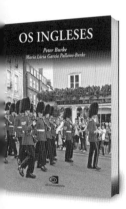
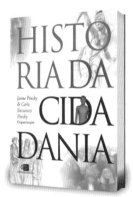

Faça parte de nossa rede.
www.editoracontexto.com.br/redes

Promovendo a Circulação do Saber

GRÁFICA PAYM
Tel. [11] 4392-3344
paym@graficapaym.com.br